KB234159

『가정교육의 함정』

하영철[미래로학교교육도우미 대표] 저
2013년 문화체육관광부 아동청소년 분야
최우수학술도서로 선정

문화체육관광부(장관 유진룡)와 한국출판문화산업진흥원(원장 이재호)은 6월 27일 '2013년 우수학술도서' 로 철학, 예술, 사회과학 등 총 11개 분야 4,089종에서 학자 및 전문가로 구성된 71명의 심사위원이 50일 동안 엄정한 심사를 하여 총류 6종, 철학 25종, 종교 8종, 사회과학 41종, 순수과학 9종, 기술과학 32종, 예술 10종, 언어 17종, 문학 30종, 역사 33종, 아동청소년 10종 등 총 221종의 도서를 우수학술도서로 선전하였다.

그중에서 각 분야 최우수 학술도서를 선정하였는데, 하영철 대표(전 광주광역시 학생교육원장)가 쓴 『가정교육의 함정』이 아동 청소년 분야에서 최우수 학술도서로 선정되었다.

아 책은 학습이론, 심리학, 뇌 과학에 기초하여 '열심히 공부해라', '나를 따르라', '하고 싶은 일, 즐거운 일을 하라', '칭찬을 많이 하자', '암기하지 마라' 등 다섯가지 항목으로 나누어, 저자가 40여 년간 교육가 및 아버지로서 학생과 자녀를 교육하면서 느낀 지식과 경험을 바탕으로 자녀교육에 대한 지혜를 소개하고 있다.

가정교육의
함정

가정교육의 **함정**

초판 1쇄 인쇄 ㅣ 2012.8.23
초판 2쇄 발행 ㅣ 2014.5.20
개정판(3쇄) 발행 ㅣ 2017.3.3
지은이 ㅣ 하영철
발행인 ㅣ 황인욱
발행처 ㅣ 도서출판 오래

주소 ㅣ 서울특별시 마포구 토정로 222, 406호
이메일 ㅣ orebook@naver.com
전화 ㅣ (02)797-8786~7, 070-4128-9966
팩스 ㅣ (02)797-9911
홈페이지 ㅣ www.orebook.com
출판신고번호 ㅣ 제302-2010-000029호

ISBN 978-89-94707-68-6 (93370)

가정교육의 함정

圖書出版 오래

꽃에 미쳐라

먼저 이 책을 애독해 주신 부모님께 감사드린다.

신문지상에도 선전치 않고 서점의 서가 깊숙이 자리한 책이었지만 제3차 개정판의 기회를 갖게 되어 매우 기쁘다.

인간은 자기가 아는 만큼 생각하고 행동한다. 가정에서 부모도 아는 만큼 자기 생각대로 자녀를 교육한다. 누구나 자녀가 건강하게 자라 행복한 삶을 살기를 바라면서 열심히 교육하지만, 자녀는 부모의 생각대로 자라주지를 않는다.

통제보다는 자율을, 질책보다는 칭찬을, 모방보다는 창의를, 그리고 바른 인성을 기르기 위해 부모는 최선을 다한다.

그러나 자녀가 부모의 희망대로 건전하게 성장하지 못함은 무엇 때문일까? 많은 이유가 있겠지만 가정교육에 함정이 있음을 모르고 자녀를 교육하기 때문이라고 생각한다.

나는 세 명의 아들을 길러온 아버지로서, 지금 생각하면 가정교육의 함정을 너무나 모르고 그 함정 속에서 열심히 교육만을 했다. 그 결과

좀 더 나은 미래의 삶을 살아갈 수 있는 자녀들의 길에 걸림돌이 된 것 같아 후회스럽다.

가정교육의 함정으로 자녀를 끌고 들어가는 부모, 함정인 줄 모르고 그 속에서 자녀를 가르치는 부모, 함정을 알고 자녀를 함정에서 끌어내는 부모가 있다.

'열심히 공부하라' 는 말을 자주 하는 부모,

학교에 보내고, 아침밥을 먹이기 위해 매일 아침 깨우는 부모,

아침 이른 시간에는 정신이 맑다면서 새벽에 깨워 공부를 강요하는 부모,

"엄마만큼 너를 잘 알고 있는 사람은 이 세상에 없다. 엄마가 너를 나쁜 길로 끌고 가겠느냐? 너는 엄마가 시키는 대로 하면 된다." 면서 일방적 명령과 지시로 자녀를 교육하는 부모,

'하고 싶은 일, 좋아하는 일' 을 찾아 열심히 노력하면 성공한다면서 자율만을 중요시하는 부모,

칭찬은 많이 할수록 좋다는 생각으로 칭찬을 아끼지 않는 부모,

오직 공부만 잘하면 된다면서 계속 교과 공부만 시키는 부모,

학원에 보내면 성적이 오를 것이라는 기대감을 갖고 선행학습을 위해 학원에 보내는 부모,

지식 위주의 교사 주도형 교육은 무조건 나쁘다는 생각을 갖고 있는 부모,

ppt 프레젠테이션을 최선의 수업 방법이라 생각하는 부모,

....

위와 같은 생각을 가진 부모는 이 책을 관심을 갖고 읽어주기를 바란다. 반드시 가정교육의 함정에서 벗어날 수 있을 것이다.

나는 40여 년간 초·중·고·대학에서 학생을 교육하고 40년간 아버지로서 자녀를 교육했으며 지금은 전국 각 시·도 교육연수원과 각급 학교, 사회교육기관에서 학교경영, 가정교육에 관한 강의를 하면서

배우고 느낀 지식과 경험, 지혜를 모아 우리나라 부모님들의 자녀교육에 보탬을 드리고자 이번에 제3차 개정판을 발간하게 되었다.

이 책은 자녀교육에 필요한 교육적 지식과 정보를 학습이론, 심리학, 뇌 과학에 기초하여 모든 부모가 부담 없이 읽을 수 있도록 가능하면 쉽게 썼다.

가정교육의 함정을 아는 부모만이 함정을 비켜갈 수 있고 또 그 함정에서 빠져나올 수 있을 것이다. 視而不見 聽而不聞. 보아도 보이지 않고 들어도 들리지 않는다는 말이 있다. 이 책을 읽고 자녀가 보이고, 교육이 보이는 부모가 되기를 바란다.

첫 출판에 이어 제3차 개정판이 나오기까지 협조해주신 오래출판사 황인욱 사장님과 최성미, 이승오, 신중섭님께 깊은 감사를 드린다.

2017년 3월
影雲 연구실에서

제1부 열심히 공부해라

제5부 암기하지 마라

제1부

열심히 공부해라

열공모드

"**나**는 냉장고를 좋아한다. 먹을 것이 많이 있으니까.

나는 강아지를 좋아한다.

나와 놀아주니까.

나는 로봇을 좋아한다.

내가 시키는 대로 하니까.

그러나 나는 엄마는 싫다. 잔소리만 하니까."

어느 초등학생의 글이다.

자녀들이 부모로부터 가장 듣기 싫어하는 말은 무엇일까?

첫째는 "공부해라, 열심히 공부해라"이고,

둘째는 자녀나 친구 간에 비교하는 말이라 한다.

이 말은 현재 자녀를 낳아 기르는 부모들도 어린 시절에 자주 들었던 말이고 그때 가장 듣기 싫어했던 말이기도 하다. 이같이 부모로부터 자주 들으면서 싫어했던 말을, 부모가 되어서 자녀에게 반복하는 이유는 무엇일까?

사람들은 부모(엄마, 아빠)일 때는 자녀에게 최적주의의 삶을 살라고 하지만, 학부모가 되는 순간 '열심히 공부해라', '앞만 보고 걸어라', '남들보다 앞서가라', '실수는 인정할 수 없다' 는 완벽주의자의 삶을 요구하게 된다.

자녀들은 '하고 싶은 일', '잘하는 일' 에 관심을 두나, 부모는 학창 시절에 반드시 '해야 할 일' 은 공부임을 강조하는 것이다. 밥 먹으라는 말을 자주 들으면 싫듯이 '공부해라', '열심히 공부해라' 라는 말도 자주 듣게 되면 그 말을 통제와 억압, 보상의 의미를 지닌 일방적 명령으로 받아들이기 때문에 자녀들은 싫어하는 것이다. 자녀들은 싫어하는 말을 자주 듣게 되면 심리적으로 반발하게 되고 일탈 행위를 할 수도 있음을 생각하자.

사춘기의 아동들은 반사회적 행동이나 가족으로부터 떨어져나가려는 경향을 보이고 타고난 본성에 의한 본능적 욕구가 커지는데, 그런 성향은 남녀에 따라 약간씩 다르게 나타난다. 남아는 위계, 명령, 경쟁, 성 충동의 성향이, 여아는 관계성, 언어, 공감, 배려, 친화성의 성향이 강하기 때문에 '열심히 공부해라' 는 말에도 남녀 아이에 따라 약간씩 다른 반응을 나타낸다. 열심히 공부하란다고 진정 열심히 공부하는 태도가 길러질까? 모두 그렇지는 않겠지만 부모의 바람과는 달리 대부분의 자녀들은 공부하기를 싫어한다. 그러나 인생을 살아가기 위해서는 '해야 할 일'이 있고, 그 일은 하기 싫어도 열심히 해야 하기 때문에 부모는 자녀에게 '열심히 공부해라'고 할 수밖에 없는 것이다.

우리는 '열심히'라는 말을 자주 한다. "당신은 열심히 살고 있습니까?"라는 질문에 대부분의 사람들은 "그렇다"고 답한다. 누구나 자기 수준에서 열심히 살고 있기 때문이다.

창업하여 밤낮을 가리지 않고 열심히 노력하는데도 실패를 거듭하는 사람도 있다. 비슷한 지능을 가진 학생 중에는 학교에서나 집에서 열심히 공부하는데도 성적이 오르지 않은 학생이 있는가 하면 공부는 열심히 하지 않는 것 같은데 성적이 잘 나오는 학생도 있다. 지혜가 없는 사람은 땀이라도 흘리라는 말이 있다. 그러나 공부에서는 이 말은 별 의미가 없다. 지식과 정보, 지혜, 창의성이 담긴 '열심히'와 그렇지 않은 '열심히'는 전혀 다른 결과를 가져온다는 것을 생각하자.

우리는 '공부', '노력'이란 말을 들으면 먼저 부정적 의미로 받아들이는 경향이 있다. '공부', '노력'을 힘든 일, 하기 싫은 일로 생각하게 되면 아무리 '공부해라', '열심히 노력해라'를 말로만 외쳐봐야 자녀의 행동에 긍정적 변화는 일어나지 않는다.

부모님들의 학창시절을 돌이켜보자. 학창시절에 '공부'가 즐거웠는가? 수학 시간에 미·적분과 통계, 확률 문제 풀기, 영어 시간에 문장 해석하기, 화학 시간에 화학 방정식 풀기가 즐거웠는가? 아마 대부분의 부모님은 학창시절의 공부 시간이 그리 즐겁지는 않았던 경험으로 다가올 것이다.

공부를 열심히 하게 하려면 '공부해라'는 말만 되풀이하지 말고, 공부를 즐길 수 있는, 공부의 필요성을 느낄 수 있는 조건이나 환경, 분위기를 자녀에게 만들어주어야 한다. 공부는 왜 해야 하는지, 노력에는 고통만이 따르는 것이 아님을 스스로 느끼게 하는 것이 매우 중요한 일이다. '공부 열심히 하라'가 아닌 '공부 다르게 하라'를 말하는 부모가 되자.

우리 부모들은 자녀들에게 던지는 "공부해라. 열심히 공부해라"는 말이 가정교육의 함정임을 모르고 있고, 나 역시 그런 부모로서 자녀를 교육해 왔다. 그러나 공부는 통제와 명령으로 되는 것이 아니다. 그들에게 공부할 수 있는, 공부에 대한 긍정적 생각을 가질 수 있는 교육적 환경을 갖춰주는 것이 중요하다. 공부와 같은 '해야만 할 일'을 '즐거운 일', '하고 싶은 일'이라는 긍정적 생각을 갖고 열심히 노력하는 자녀로 기르는 방법은 없을까? 지금부터 그 방법을 찾아보기로 하자.

01

생체 시계에 맞는
생활습관을 길러주자

인간은 세 가지 시계와 더불어 살아간다. 벽에 걸린 시계, 손목에 차고 있는 시계, 휴대폰에서 볼 수 있는 시계는 물리적 시계이고, 마음속으로 생각하는 시계는 내면 시계이며, 배가 고플 때, 피곤할 때, 잠이 올 때 우리 몸이 알리는 체온, 수면, 기분과 관계있는 시계를 생체 시계라 한다.

인간이 살아가면서 가장 쉽게 접하는 시계는 물리적 시계이다. 그러나 내면 시계나 생체 시계는 눈으로는 볼 수 없으나 느끼며 살아가는 삶에 중요한 영향을 주는 시계이다. 지하철을 기다릴 때, 버스를 타고 갈 때, 러닝머신을 탈 때, 공부할 때 지루하다거나 지루하지 않다고 느끼게 하는 것은 물리적 시계가 아닌 내면 시계나 생체 시계이기 때문이다.

인간의 몸은 60조 개의 세포로 이루어져 있고 각 세포에는 생체 시계가 들어 있다. 인간은 시계가 없는 동굴 같은 곳에서 생활하게 되더라도 평소 동굴 밖에서 생활할 때와 흡사한 신체 리듬을 얼마간 유지하게 된다고 한다. 물리적 시계가 없는 곳에서도 인간의 생체 시계는 생체 리듬에 의한 시간을 알려 어느 정도 규칙적인 삶을 살게 한다.

청소년들은 밤늦게까지 깨어 있고, 새벽에는 잠을 깊이 자는 생체 시계를 갖고 있다. 인간을 올빼미형과 종달새형으로 나눈다면 청소년들은 올빼미형에 해당된다.

"어머님, 아침에 자녀들의 머리가 맑다고 생각하십니까?"라고 물으면 대부분의 어머니들은 "그렇다"고 답을 한다. 그렇다면 자녀들에게 "아침 시간엔 머리가 맑아 공부하기 좋은가?"라고 물으면 어떤 답을 할까? '아침 시간은 정신이 맑아 공부하기에 좋은 시간이다'라고 말하는 사람은 나이가 든 부모나 할아버지, 할머니 들이다. 한참 자라는 청소년들에게는 오히려 아침 시간은 그들의 생체 시계가 자고 있기 때문에 일어나기 힘든 시간임을 생각해야 한다.

그러나 자녀들이 밤늦게까지 공부하느라 수면이 부족하게 되면 성장과 두뇌 발달에 문제를 가져올 수 있음도 생각해야 한다. 인간의 뇌는 밤 10시에서 2시 사이에 뇌에 필요한 신경물질을 가장 많이 만들고 잠을 자는 동안 쉬지 않고 새로 들어온 정보를 분석, 종합, 편집한다고 한다. 그러므로 가능하면 충분한 잠을 자고 뇌에 필요한 영양소도 공급해주어야 한다.

일찍 자고 일찍 일어나는 습관을 갖는 것은 좋은 일이다. 그러나 자녀들의 생체 시계를 바꾸기는 어려울 것이다. 습관을 바꾸기 위해서는 생각과 행동을 바꾸는 것이 먼저이나 그게 쉽지 않다. 한 번 정착된 습관을 완전히 바꾸는 데는 3년이 걸린다고 한다. 바꾸기 힘든 습관인 경우는 차라리 바꾸지 않는 게 좋다. 자녀들의 생체 시계는 쉽게 바꿀 수 없기 때문에 늦게 자고 늦게 일어나더라도 규칙적인 수면 시간을 갖게 하자. 인간은 누구나 다른 생체 시계를 갖고 있고 수면 시간도 각자 다르다. 자녀들이 5~6시간 잠을 자고도 생활하는 데 큰 지장이 없다면 그에 맞는 생활습관을 갖게 하자. 하루에 8시간을 자야 하고, 하루에 한 번은 대변을 봐야 하고, 하루에 세끼 밥을 먹어야 하고, 하루에 '~을 해야 한다' 는 것은 인간에게 적용되는 공통된 상식이지 개인이 꼭 지켜야 할 검증된 상식은 아닌 것이다.

자녀들은 유아기뿐만 아니라 초 · 중등학교에 다닐 때 아침에 일찍 일어나기가 어려우며 부모가 깨워 일찍 일어난다고 해도 그들의 생체 시계는 자고 있기 때문에 힘들어 하는 것이다.

부모의 생체 시계나 내면 시계에 자녀의 공부 시간을 맞추지 말자. 부모는 나이가 들어가면서 종달새형이 되나 자녀들은 올빼미형이어서 그들의 뇌는 새벽에 깊은 잠을 자고 있음을 생각하고 자녀들에게 가능하면 밤 시간에 공부케 하고 새벽에는 잠을 자도록 하는 것이 공부가 힘들고 괴롭다는 생각을 덜 갖게 하는 일이 될 것이다.

얼마 전 아침 9시 TV 프로그램에 출연한 어떤 사람이 웃기는 연기를 하여 모든 관중이 박장대소를 하는데 그의 딸은 멍하니 앉아 있었다. 사회자가 "너는 왜 웃지 않고 그렇게 앉아 있니?"라고 물으니 "잠이 와요"라고 대답하는 장면을 본 적이 있다.

나는 어린 시절 시골에서 자랐다. 어머님으로부터 "공부해라"보다는 기름(석유)을 아껴야 하니 "공부 그만하고 자라"는 말을 자주 듣고 자랐다. 그 시절에는 시골에 전기가 부족하여 일찍 전등이 꺼지면 촛불을 켜놓고 공부를 했었다. 아침에 일어나면 촛불 그을음에 콧구멍이 까맣던 시절, 그때 가장 싫었던 것은 어머니가 새벽에 방에 들어와 이불을 젖히면서 일어나라는 것이었다. 어린 시절 새벽 시간에 잠이 오는 것은 예나 지금이나 다를 바가 없는 것 같다. 인간의 생체 시계는 변함이 없기 때문일 것이다.

학교에서도 오전 1, 2교시는 도구 교과 시간을 운영한다. 아마 부모님들도 학창시절에 아침 시간에는 주로 영, 수 공부를 했고, 오후 시간에 예체능 공부를 했음을 기억할 것이다. 그러나 아침 시간에는 학생들의 생체 시계는 잠을 자고 있기 때문에 학습 효과를 생각해볼 때 1, 2교시는 도구 교과보다는 예체능 교과나 실험, 실기 교과를 공부케 하는 것이 학습 효과를 더 높이는 방법이 될 것이다. 서구 선진국에서는 아침 시간의 학습 효과를 생각하여 등교 시간을 늦추기도 하고, 아침 시간에 즐거운 놀이나 역할 학습, 예체능, 실험실기 학습을 하는 학교가 늘어나고 있다.

자녀들의 뇌는 자고 있는데 '공부해라', '열심히 공부해라' 라고 강요하는 것은 자녀에게 공부에 대한 싫증을 더욱 느끼게 하는 요인이 됨을 생각하자.

8~14세의 소녀는 에스트로겐의 영향으로 점점 늦게 자고 늦게 일어나는 수면 주기를, 9~15세의 소년은 소녀보다 1시간 더 늦어진 수면 주기를 갖는다고 한다. 고등학생이 되면 수면 시간을 어느 정도 스스로 줄여갈 수 있으나 유아나 초ㆍ중학생의 경우는 충분한 수면 시간이 필요하기 때문에 늦게 잔 자녀를 아침 일찍 깨워 공부케 하는 일은 건강을 해칠 뿐만 아니라 학습효과도 없고 공부에 대한 부정적인 생각만을 키우는 일이 될 것이다.

자녀들의 취침 시간은 정해주되 기상 시간은 자율에 맡기는 것이 좋다. 미국의 오바마 대통령도 말리아와 사샤라는 두 딸을 두고 있는데 취침 시간은 부모가 정해주되 기상 시간은 스스로 정하게 한다는 기사를 읽은 적이 있다. 아침에 일어나는 시간을 부모가 규제하는 것은 가정교육의 함정임을 생각하자. 스스로 일어나 학교에 가게 하는 것은 자율과 책임을 몸소 느끼며 배우고 실천하는 바람직한 교육 방법이기 때문이다. 스스로 선택한 행동에는 즐거움이 있고 책임감을 느끼게 됨을 생각하자.

두 아들을 기르는 부모가 있다. 큰아들은 노트북을 갖고 싶어 하고,

작은아들은 스마트폰을 갖고 싶어 할 때, 부모는 이들에게 각자 갖고 싶어 한 것을 선물로 주는 것이 예사이다. 큰놈에게는 노트북을, 작은 놈에게는 스마트폰을 주면서 부모는 만족해 할 것이다. 그러나 이런 경우 선물 두 개를 놓고 두 아들에게 선택해 가지라고 할 때 그들은 부모가 지정해서 주는 것보다 훨씬 더 만족감과 즐거움을 느끼게 된다고 한다. 자녀에게 '이것이다, 저것이다'로 부모의 생각을 주입치 말고 '이것이냐, 저것이냐'를 던지고 그들이 스스로 선택케 하는 것이 기대 만족과 성취 만족을 높이는 것임을 생각하자.

많은 부모가 자녀가 늦잠을 자게 되면 아침밥도 못 먹고, 학교에 지각하게 될 것이라는 생각으로 오늘 아침에도 자녀를 깨워 학교에 보냈을 것이다. 그리고 강제로 깨워도 일어나지 않는데 스스로 일어나게 하는 일은 불가능하다고 생각할 것이다. 그러나 그들에게 스스로 일어나는 선택과 책임을 부여하는 일은 가능하고 그 결과는 자녀들의 삶에 엄청난 변화를 가져오게 됨을 생각하자.

이제부터 자녀를 깨우지 말고 스스로 일어나게 하되 담임선생님과 약속을 해두자. "우리 애가 지각을 하는 경우 선생님께서 잘 지도해 주십시오. 내일 아침부터는 깨우지 않고 스스로 일어나도록 할 계획입니다"라는 말에 반대하는 선생님은 없을 것이다. 처음엔 늦잠을 자 지각을 하기도 하겠지만 며칠이 지나면 스스로 일어나 아침밥을 먹고 학교에 가게 될 것이다. 아침에 스스로 일어나는 습관이 자녀의 인생을 성공으로 이끄는 원동력이 됨을 생각하자.

자녀의 생체 시계는 잠을 자는데 부모의 내면 시계나 물리적 시계에 맞춰 공부를 강요하지 말자. 가능하면 자녀들이 그들의 생체 시계에 맞는 생활을 하게 하자.

선수 학습력을 기르자

.......**절대평가를 알자**

부모는 자녀의 성적표를 볼 때 맨 먼저 몇 등인가에, 시험 답안지를 볼 때는 몇 점인가에 관심을 보인다. 그러나 고교 내신제도가 상대평가에서 절대평가로 바뀜에 따라 성적표에 석차가 기록되지 않는다. 절대평가(성취평가제)는 2012년에 중학교 1학년부터 시행하여 2014년에는 고등학교 1학년으로 연차적으로 확대되며 2016년부터는 모든 중·고등학교에 전면 시행되고 있다. 지금까지 시행해온 상대평가는 선발적 교육관에 의미를 둔 평가로 소수 우수자 선발이나 개인차 변별에 중점을 둔 평가이나, 절대평가는 발달적 교육관에 의미를 둔 평가로 적절한 교수 방법만 투입하면 누구나 의도하는 바의 학습 목표를 달성할 수 있다는, 인간의 잠재 가능성을 신뢰

하는, 학습 이론에 맞는 평가인 것이다. 학생을 스타트라인에 세워놓고 100미터 달리기를 할 때 골라인에 들어오는 순서대로 성적을 매기는 것이 상대평가이고, 15초에 들어온 학생은 '수', 16초에 들어온 학생은 '우', 17초에 들어온 학생은 '미' …… 등으로 성적을 매기는 것이 절대평가인 것이다.

상대평가에서는 열심히 공부해도 다른 학생이 나보다 더 열심히 공부하면 등수를 앞설 수 없어 2등급에서 1등급이 될 수 없으나, 절대평가에서는 다른 학생과 관계없이 스스로 공부를 열심히 하면 높은 등급을 얻을 수 있다. 절대평가는 다른 학생과의 경쟁이 아닌 자신과의 경쟁이기 때문에 학생들의 건전한 성장 발달을 가져오는 매우 교육적인 평가이나 단점도 있다.

절대평가에서는 시험 문제를 쉽게 출제하여 모든 학생이 A 그룹에 들어가게 하는 성적 부풀리기가 가장 큰 문제이고, 이 문제 때문에 절대평가를 상대평가 등급제로 바꿔 시행하고 있으나 지금까지 시행해 온 상대평가는 학교 내의 등급별 비교는 가능하나 학교 간의 비교는 불가능하고, 특히 생각해야 할 점은 학생 간의 경쟁을 유발한다는 단점을 갖고 있다.

절대평가에서 학부모는 어떤 점에 관심을 두어야 할 것인가를 생각해보자. 성적표에 원점수, 평균, 표준편차, 대상 학생 수만 기록되고 석차는 기록되지 않는 상황에서 학부모는 자녀의 성적 결과를 어떻게 해석해야 할까? 절대평가에서의 원점수는 상대평가에서의 득점과 다른 '성취도'를 의미한다. 수학의 80점은 80퍼센트의 성취도를 의미하는 것이다. 절대평가에서의 평가 기준은 학습 목표가 되기 때문이다. 그리고 표준편차는 성적이 고르게, 고르지 않게 분포되어 있는지를 나타내는 수치이다. 표준편차가 작을수록 학생들의 점수가 평균 근처에 몰려있고 클수록 평균으로 부터 멀리 흩어져 있음을 의미한다.

.... 성적표 분석 방법

등수가 없는 자녀의 성적표를 보고 먼저 분석해야 할 것은 교과 간 성적의 차이를 알아보는 것이다. 영어 85점, 수학 80점을 받아온 자녀의 성적을 보고 대부분의 부모는 수학보다 영어를 더 잘한다고 생각할 것이다. 그러나 영어 시험이 쉽게 출제되었을 수도 있고 그 반 학생들의 영어 성적이 평소에 수학에 비해 낮게 나오는 경우를 생각해보면 영어를 수학보다 더 잘한다고 평가할 수는 없는 것이다. 그러므로 자녀가 성적표를 가져오면 먼저 원점수(성취도)를 보자. 90점 이상이면 90퍼센트, 80점 이상이면 80퍼센트 성취라는 의미로 받아들이자. 그러고 나서 교과 간 비교를 해야 한다. 영어를 더 잘했는지, 수학을 더 잘했는지를 알아보는 것이다. 먼저 영어 85점, 평균 60, 표준편차 10, 수

학 80점, 평균 60, 표준편차 5일 때 그 표준점수를 계산해보는 것이다. 표준점수는 통계적 절차를 통하여 어떤 척도로 옮겨놓은 수치로 가장 신뢰롭고 유용한 척도이며 절대영점과 동간성이 있어 가감승제가 가능한 점수이다. 이 같은 표준점수 계산은 상대평가에서 가능한 것이지 절대평가에서는 그 계산이 불가능한 것이다. 백분위 점수(%)는 점수가 분포상에서 서열로 따져 몇 퍼센트에 위치하고 있는가를 의미하기 때문에 절대평가에서의 점수는 서로간의 자체적 비교는 가능하지만 동간, 비율 척도가 아니므로 가감승제는 불가능하기 때문이다.

그러므로 절대평가에서 교과 간 비교를 표준점수로 하는 것은 전후 비교를 위한 변칙적 수단임을 생각하자. 표준점수(z)는 '득점-평균/표준편차' 로 계산한다. 영어의 표준점수는 85-60/10=2.5이고, 수학의 표준점수는 80-60/5=4이다. 원점수는 영어가 더 높지만 표준점수는 수학이 더 크기 때문에 이 학생은 영어보다 수학을 더 잘한다는 결론을 내릴 수 있다.

······ 시험 답안지 보기

다음으로 자녀의 시험 결과에서 관심을 가질 것은 이전 시험 점수와 이번 시험 점수를 비교해보는 것이다. 절대 기준 평가에서는 원점수가 성취도를 나타내므로 그들 수치로 가감에 의한 전후 비교를 하는 것은 의미가 없다. 다음으로 확인할 것은 자녀의 시험 답안의 맞고 틀림을 확인하는 일이다. 수학 시험 결과 25문항 중 4문항을 틀려 84점을 맞았다면 84점보다는 4문항에 관심을 가져야 한다. 실수로 틀렸는지, 아니면 문제를 이해할 수 없어 못 풀었는지, 문제의 난이도가 높아 못 풀었는지를 확인하는 일이 중요하다.

"엄마, 풀 수 있었는데 실수로 틀렸어요"라고 하면 부모는 왜 실수를 했는지를 확인하여 다음 시험에서는 그런 실수를 다시는 하지 않게 지도해야 한다. 그러나 "엄마, 나는 4문제는 이해할 수 없었어요. 학교에서 배운 것인데 수업 시간에도 선생님의 설명을 알아들을 수 없었고 지금도 이 문제는 풀 수가 없어요"라고 한다면 즉시 자녀의 결손 학습을 보충해줄 기회를 제공해야 한다.

실수가 아닌 '몰라서', '이해할 수 없어서', '내 힘으로는 도저히 해낼 수 없어서' 문제를 못 푼 자녀는 선수 학습력이 부족하기 때문임을 생각하고 선수 학습력을 갖출 수 있도록 조치를 취하자.

나는 인문계(일반계) 고등학교에 4년간 근무한 적이 있다. 교장으로 부임하기 전에는 공휴일도 없이 새벽부터 밤늦게까지 공부하는 인문계 학교를 보면서 학교장을 나쁜 자로 비판하기도 했었다. 그러나 내가 인문계 고등학교 교장이 되고 보니 내 맘대로 할 수 없는 학교 풍토 속에서 나도 똑같은 교육을 할 수밖에 없었다. 그때 가장 마음 아팠던

것은 기본 실력이 갖추어지지 않은 학생을 새벽부터 밤늦게까지 교실
에 앉혀놓고 공부케 하는 것이었다. 특히 고등학교 1학년 실력도 갖추
어지지 않은 고3 학생을 정규 수업 외에 자율 학습, 보충학습이라면서
밤늦게까지 교실에 앉아 있게 한 점은 너무나 죄스럽기까지 했었다.
선수 학습력이 부족한 학생은 빨리 발견하여 그 결손을 보완해줘야 한
다. 선생님의 설명을, 지금 배우는 학습 내용을 이해 못하는 학생의 괴
로움을 생각하자.

.... 선수 학습

학습하기 이전에 학생이 습득해야 할 지식, 기능, 태도, 학습 방법
등의 능력을 선수 학습력이라고 한다. 수학 시간에 교사가 가르치는
학습과제를 이해하고 풀 수 있는 선수 학습력이 갖추어져 있지 않은
학생은 학습의 결손을 갖게 되고 이런 일의 계속은 누적적 결손을
가져와 학습에 흥미를 잃게 되고 나아가 그 교과목이, 지도 선생님
이 싫어지게 되어 공부를 멀리 하게 된다. 특히 위계성이 강한 수학
이나 과학 교과는 더욱 선수 학습력이 중요하기 때문에 주어진 학습
과제를 이해하지 못하고 선생님의 지도를 따라가지 못하는 경우에
는 부모의 지도가 반드시 필요하다. 부모가 자녀를 가르칠 수 없는

경우에는 개인 지도나 학원에 보내서라도 선수 학습력을 갖추게 해야 한다.

선수 학습력의 결핍은 자녀들이 공부를 싫어하게 되는 가장 큰 요인임을 생각하자. 일차 방정식을 풀 수 없는 학생은 이차 방정식을 풀 수 없고, 주기율표를 모르는 학생은 화학 방정식을 풀 수 없으며, 단어나 숙어를 모르는 학생은 영어 문장을 해석해낼 수가 없다. 어떤 일보다도 본 학습과제를 해낼 수 있는 선수 학습력을 갖추는 것이 중요하다.

100미터 달리기 경기를 할 때 10명의 학생을 스타트라인에 세우고 '준비, 출발'을 명하는 경우와 출발 전에 학생들의 복장, 건강 상태를 확인하고 준비 운동을 시킨 다음 출발 신호를 하는 경우를 생각해보자. 100미터 달리기 경기에서 맨 먼저 생각할 것은 그들이 잘 달릴 수 있는지를 알아보고 미흡한 점을 갖추게 하는 것이다. 자녀들의 학습에서도 가장 중요한 것은 새로운 학습과제를 해낼 수 있는 출발점 행동을 갖추는 것이다. 선수 학습력이 갖추어지지 않은 학생은 수영도 못하면서 물에 뛰어드는, 운전도 못하면서 자동차를 몰고 나가는 것과 같은 것임을 생각하자.

초등학교 6학년 자녀에게 중학교 과정을 미리 배우게 하는 선행학습은 바람직한 교육 방법일까? 요즈음 부모들은 아이들에게 선수 학습력을 길러주기 위해 학원에 보내는 것이 아니고 선행학습을 위해 학원에 보내는 것 같아 걱정이다. 선수 학습력이 갖추어지지 않은 자녀에게 앞으로 배울 학습과제를 미리 공부케 하는 일은 부모가 자녀를 가정교육의 함정으로 끌고 들어가는 것임을 생각하자.

아주 우수한 학생, 배우고 있는 교과 내용을 완전히 소화해내고 있는 자녀라면 그 자녀의 수월성 신장을 위해 선행학습을 시킬 수도 있다. 그러나 이런 경우도 선행학습이 속진 학습이나 문제 해결 학습, 성과 지향 학습이 아닌 심화 학습, 창의성 신장, 과정 지향 학습이어야 한다. 무조건 학원에 보낼 것이 아니라 학원의 특성을 살펴 맞춤형 개별 학습으로 자녀의 학습력을 길러주어야 한다.

우리나라 사교육비 규모는 20조를 넘고 있고, 약 80퍼센트의 학생이 사교육을 받고 있으며, 학생 1인당 월평균 약 30~40만 원의 사교육비를 지출한다고 한다.

새로운 정부가 들어설 때마다 사교육비 줄이기에 관심을 기울이나 사교육비는 줄어들지 않고 있다. 사교육비 때문에 부모들은 허리가 휘고, 출산율이 낮아지고 있는 오늘날 우리 교육의 현실을 걱정하지 않을 수 없다. 그러나 사교육비를 줄이고 공교육을 정상화하는 길은 선행학습 문제를 풀면 어느 정도 해결될 것이라 생각한다.

선행학습이 학생들의 성적 향상에 큰 효과가 없음을 증명한 사례는 많이 있다. 사교육기관에서 선행학습을 한 학생과 학원에 가지 않고 가정이나 학교에서 자기 주도적으로 학습한 학생의 성적을 비교해본 결과 자기 스스로 공부한 학생의 성적이 60퍼센트 이상 높게 나왔고, 자기 주도적 학습을 해온 학생이 성적뿐만 아니라 인생을 주체적으로 살아가는 힘이 더 강하게 나타났다는 실험 결과가 있다.

선행학습에 지출하는 사교육비만 절약해도 우리나라 사교육비의 절반은 줄어들 것이다.

부모들이 선행학습을 위해 자녀들을 사교육기관으로 보내고 있는 것은 교육에 대한 소신과 철학이 부족해서라고 생각한다. 옆집 아이가 영수학원에 다닌다더라. 초등학교 졸업반인데 겨울방학에 중학교 1학년 과정을 공부하러 학원에 다닌다더라. 옆집 아이나 자녀의 친구가 선행학습을 하기 위해 학원에 다니는 것에 불안을 느끼고 자기 자녀도 무조건 남 따라 학원에 가게 하는 부모는 자녀를 왜 학원에 보내야 하는지를 생각해봐야 한다. 자녀가 현재 위치에서 학습과제를 이해하고 학교 수업을 따라갈 수 있는 경우에는 학원에 보낼 필요가 없다. 그러나 선수 학습력의 부족으로 학교 수업을 따라갈 수 없는 자녀인 경우에는 주어진 학습과제를 해결해낼 수 있는 조치를 반드시 취해야 한다. 기본 학습력이 갖추어지지 않은 자녀는 학교에서 시간과 노력만 허비할 뿐이기 때문이다.

요즈음 선행학습이라는 말을 자주 듣게 된다. 선행학습이란 앞으로 배울 학습과제를 미리 학습하는 것으로, 교육학에서 말하는 사전 학습과는 약간 의미가 다른 개념이라 할 수 있다. 사전 학습은 다음 시간에 배울 학습과제를 미리 공부한다는 의미이고, 선행학습은 사전 학습의 의미를 포함하되 다음 달, 다음 학기, 다음 학년에 배울 학습과제를 미리 공부한다는 의미를 갖고 있다.

요즈음엔 선행학습 금지법에 의해 사교육기관의 선행학습 광고 선전이 금지되고 있고 학교시험에도 선행학습 문제출제가 금지되고 새로 선발된 신입생에게 입학전 1년과정을 미리 가르치는 교육활동도 금지되고 있으나 선행학습은 근절되지 않고 있다.

선행학습이 중요한것이 아니고 선수학습력, 출발점행동을 갖추게 하는것이 중요함을 학부모나 교사는 알아야 한다.

그러나 요즈음 학생들은 대부분 선수학습력이나 사전학습력을 기르기보다는 선행학습력을 기르기 위해 사교육을 받고 있다.

선행학습은 오늘, 지금 배우는 학습 내용을 이해하지 못하는 자녀에게 앞으로 배울, 다음 달, 다음 학기, 다음 학년에 배울 학습과제를 미리 배우게 한다는 것은 생각해볼 일이다.

해외여행을 하다보면 한 번 가본 나라를 또 가는 경우가 있다. 처음

가는 나라는 호기심을 갖고 열심히 관광을 하나 두 번 찾은 나라는 별 흥미를 느끼지 못하고 오히려 지루한 시간을 보내게 되는 경험을 한 적이 있을 것이다. 선행학습은 알고 있다는 착각으로 학교 수업을 등한시하게 되고 학교 학습에 호기심이나 흥미를 잃게 하여 주면야독(낮에 학교에서는 자고 밤에 학원에서 공부한다)과 같은 잘못된 학습 습관을 유발한다. 학교에서 교사가 새로운 교과 내용을 가르쳐도 사교육기관에서 미리 배운 내용이기 때문에 학생들은 '배웠으니까 알고 있다'는 착각으로 학교 공부를 등한시하고 그 결과는 오히려 학습의 누적적 결손을 가져오게 되는 것이다.

인간은 자기 생각이 비효율적이고 옳지 않아도 그걸 쉽게 바꾸지 못하는 경로 의존성을 갖고 있다. 학원에 보내지 않으면 다른 학생에게 뒤질 것이라는 근거 없는 이유로 자녀를 특별한 목적 없이 학원에 보내는 오늘의 현실을 생각해보자.

┈┈┈┈┈ 95 대 5의 법칙

요즈음 부모는 '~더라', '~해라' 병에 걸려 자기의 생각보다는 다른 사람들의 생각이나 유행을 따라가는 삶을 사는 것이 문제이다. 세상을 살아가는데 성공하는 사람과 실패하는 사람을 95 대 5의 법칙으로 이야기하기도 한다. 5퍼센트에 속하는 사람이 성공한다는 것이다. 긍정적으로 생각하고 남을 따라 살지 않고 자기의 삶을 살아가는 사람이 5퍼센트 정도 된다는 것이다. 나는 여기에 보고 듣는 삶에서 기록하고 기억하는 사람, 친절하고 인사 잘하는 사람, 그리고 역경지수가 높은 사람을 성공하는 사람에 포함시키고 싶다. 옆집 아이가, 친구의 아이가 학원에 다니기 때문에 내 아이도 보내야 한다는 생각은 모방적인 삶을 사는 95퍼센트에 속한다는 것임을 생각하자.

그리고 20 대 80의 법칙도 생각하자. 이탈리아의 경제학자 파레토 (V. Pareto)는 개미의 생활을 연구하여 20 대 80의 법칙을 발표했다. 파레토는 개미집단을 관찰하던 중 20퍼센트의 개미는 일을 하고 80퍼센트의 개미는 놀고 있는 것을 발견하고 20퍼센트의 개미와 80퍼센트의 개미를 각각 분리시킨 후 다시 관찰한 결과 각 집단이 다시 20퍼센트, 80퍼센트로 나뉘는 것을 발견한 것이다. 그는 이 법칙이 인간 사회 각 분야에도 적용되고 있음을 밝혔다. 이탈리아 전체 인구 중 20퍼센트가 국토의 80퍼센트를 소유하고 있고 상위 20퍼센트의 사람이 80퍼센트의 부를 차지하고 있었던 것이다. 이 법칙은 가정교육에서도 관심을 가져볼 필요가 있다. 그러나 부모가 자녀를 80 대 20의 법칙이 아닌 99 대 1의 법칙으로 기르려 하니 그것이 더 큰 문제이다. 자녀가 20퍼센트에 속하는 것에 만족하지 않고 1퍼센트에 속하게 하기 위해 모든 부모는 열심히 자녀를 교육하고 있다.

그러나 모든 자녀가 20퍼센트, 1퍼센트에 속할 수는 없는 것이고, 설령 그에 속한다 하더라도 그것이 인생을 성공으로 이끈다는 보장은 없는 것이다. 80퍼센트에 속하면서도 기본 학습력, 선수 학습력을 든든히 갖춘 자녀가 강한 학습력의 소유자임을 생각하자.

우리는 초등학교나 중학교 때 공부를 못한 학생이 고등학교에 가서 열심히 공부하여 좋은 대학에 진학하는 사례를 많이 듣는다. 모든 부모는 초·중학교 때 자녀의 우수한 성적을 바라나 그보다는 기본 학습력, 선수 학습력을 갖추고 독서나 친구 사귀기, 다양한 체험학습을 하는 것이 자녀의 미래에 더 중요함을 생각하자. 자녀가 학교 공부를 따라갈 수만 있다면 교과지식을 기르기 위한 사교육보다는 자녀의 적성과 잠재력을 기르는, 자기 주도적으로 학습할 수 있는 능력을 갖추는 것이 중요한 것이다.

.... 진로지도

『모리와 함께 한 화요일』의 저자 미치 앨봄(Mitch Albom)은 "한국 학생들은 맹목적인 성취욕과 과도한 학습 부담으로 시들어가고 있다. 한국 국민은 부자가 되기 위해, 남보다 앞서기 위해, 미국인과 같이 영어를 잘하기 위해 노력하고 있다"는 말을 했다.

그렇다. 우리나라 학생들은 왜 공부를 하는지도, 자신이 진학할 대학도 모르는 것 같아 안타깝다. 목표 대학, 학과를 정해 공부하다가도 수능 점수나 내신 점수가 부족하면 다른 대학으로, 심지어는 전공학과도 바꿔 진학하는 것을 보면 뚜렷한 목표 의식이 없이 공부하고 있는 것이다. 한 번 목표를 정했으면 그 목표를 성취하기 위해 최선의 노력을 기울이고, 혹 점수가 부족한 경우는 재도전을 하는 의지와 용기를 가져야 하고 그게 힘들면 다른 대학에 진학하더라도 전공학과는 바꾸지 않았으면 한다.

자기가 원한, 가고 싶은 학과를 버리고 합격만을 위해 다른 학교를 지원하는 것은 자기의 적성과 잠재력을 버리는 바보스런 일임을 생각하자.

.... 인지 발달과 교육

선행학습을 위해 학원에 보내는 것이 개인은 물론 공교육과 나아가 국가 교육의 근간을 흔드는 일임을 생각하자. 선행학습은 '알고 있다'는 착각을 일으킬 뿐만 아니라 학생들의 인지 발달에도 문제가 됨을 생각해야 한다. 각급 학교, 학년에 따라 교과서가 있는 이유는 학생들의 인지 발달 수준에 맞춰 교육하기 위함이다.

영어 과목은 왜 초등학교 3학년부터 가르치는 것일까? 유치원에서 교과 지식을 가르치지 않는 이유는 무엇일까? 초등학교 1, 2학년생은 책을 읽어도 그 내용을 이해하지 못하고, 외국어는 7~8세 때부터 가르쳐야 하는 이유는 인간의 성장에 따른 뇌의 발달과 관계가 있기 때문이다. 기억의 뇌인 해마가 발달하는 시기인 유아기 때 과도한 학습을 시키게 되면 해마에 과부하가 걸려 해마의 발달을 저해하기 때문에 어릴 때는 그림, 동화, 노래, 놀이 학습이 필요하고, 초등학교 3학년 때부터 점진적으로 지식을 학습케 하는 것이 학생들의 인지 발달에 맞는 교육 활동이 되는 것이다.

유아기의 자녀가 숫자를 인지하기 시작할 때 부모는 숫자 공부 책을 갖고 숫자를 빨리 익히게 한다. 그러나 유아기 때의 자녀는 전두엽이나 해마가 미발달된 상태이기 때문에 그들에게 종이 교재로 숫자 공부를 시키는 것은 무리인 것이다. 유아기 때의 숫자 익히기는 생활에서 스스로 터득하게 하자. 자녀들은 생활하면서 많은 숫자를 만나게 된다. 시계, 엘리베이터, 건널목 신호등, 휴대폰 등에 있는 숫자를 보면서 그들은 자연스럽게 숫자를 익히게 되고 부모와의 대화, 부모가 읽어주는 동화를 듣고 길가의 간판을 보면서 스스로 단어의 의미를 배우게 되는 것이다. 어린 자녀가 하나 둘 셋 하면서 수를 세고 동화책을 보면서 글자를 읽는다고 바로 책과 노트를 주지 말고 생활 체험으로 숫자와 단어를 스스로 익혀 가도록 하자. 대학 입시를 위한 교육이 아닌 뇌 발달 단계에 맞는 교육이 중요함을 생각하자.

또한 선행학습은, 배웠으니 알고 있다는 착각으로 예습과 복습 시간을 빼앗아버린다. 나는 아들 셋을 낳아 길렀으나 태권도 학원에 보낸 것 외에는 사교육을 시킨 적이 없다. 그러나 큰아들은 과학고, 의과대학, 경희대 한의대를 나왔고, 둘째는 의대를 나와 현재 의사를 하고 있고, 셋째는 사회복지 분야에서 일하면서 잘살고 있다. 내가 자식을 기를 때도 사교육이 있었고 그때는 학교 교사들도 과외를 많이 했었다. 아내는 남들과 같이 영수학원이나 음악, 미술 학원에 보내자고 했으나 나의 거절에 포기했었다. 지금 생각하면 교과 공부를 위해 사교육기관에 보내지 않은 것은 잘했으나 예체능이나 리더십, 창의성 등 비지적 영역의 학습을 위한 사교육을 시키지 못함이 후회된다. 기본 지식과 응용 지식에 실용 지식이 더해질 때 성공적인 삶을 살 수 있다는 것을 이제야 느꼈기 때문이다.

.... 학교 폭력

현재 우리나라 교육에서 풀어야 할 가장 큰 과제는 사교육과 학교 폭력이라 생각한다. 새 정부가 들어설 때마다 '사교육비를 줄이고 공교육을 정상화한다, 폭력 없는 학교 환경을 만들겠다' 고 한다. 그러나 이 과제는 지금도 풀리지 않고 더욱 어려워져만 가는 것이다. 그러나

이 두 문제는 쉽게 풀 수 있다고 생각한다.

첫째는 학부모는 선행학습을 시키지 않고 학원에서는 보충학습만 하며 학교에서는 주어진 교육과정을 철저히 지키는 것이다. 학교 수업 시 교사가 학생들이 이미 배워 알고 있을 것이라는 생각을 갖는 것도 문제이다. 초등학교 1학년부터 교육과정에 명시된, 교과서 내용을 철저히 가르칠 때 선행학습을 받음이 오히려 잘못이라는 것을 느끼게 되고 그 결과 사교육비는 줄어들 것이다.

둘째는 왕따, 폭행, 자살 등 오늘날 학교교육의 문제는 상담 교사 배치, 학교 지킴이 증원, CCTV 설치, 학생 처벌 강화 등으로는 풀어갈 수 없음을 생각해야 한다. 우수 교사를 양성하여 임용하고 교사 1인당 학생 수를 줄이고, 교사가 긍지를 갖고 학생 교육을 할 수 있는 자율적 학생 지도 환경과 교사를 존경하는 사회 풍토가 형성되면 이 같은 문제는 해결되는 것이다. 초등 1학년 때 담임이 6년간, 중·고교는 3년간 학급 담임을 계속 맡는 방안도 생각해야 한다. 학생을 가장 잘 알고 지도할 수 있는 사람은 학급 담임인 것이다. 학급 담임에게 학급 학생과 함께 하며 사랑과 열정으로 지도할 수 있는 환경만 만들어주면 학교에서 일어나는 각종 사고는 예방할 수 있는 것이다. 선생님들이 생활 지도를 할 수 없는 오늘날 학교 풍토에서는 계속해서 어려운 문제가 발생할 수 있음을 생각하자.

　자녀들이 학교 학습에 흥미를 갖고 열심히 수업을 받기 위해서는 예습과 복습을 철저히 해야 한다. 내일 배울 내용을 예습하고 그날 배운 내용을 복습하는 것은 학습력 증진의 기본이다. 자녀들이 공부가 싫지 않고 즐거움을 갖게 하기 위해서는 선행학습이 아닌 선수 학습력과 사전 학습력을 길러 학습의 누적적 결손을 막아야 한다. 그러기 위해서는 매일 예습, 복습을 자기 주도적으로 하는 습관을 길러야 하고 현재의 시점에서 학교 수업을 따라가지 못하는 경우에는 본 학습과제를 해결할 수 있는 선수 학습력을 길러주는 부모의 결단이 필요하다.

　학교에서는 학생들의 선수 학습력을 길러주는 보충학습이 실천되어야 한다. 각 교과별 보충학습반을 운영하여 부족한 교과 학습 능력을 보충해주는 학교교육이 필요한 것이다. 그리고 교과 교사들은 예습과 복습을 위한 과제를 내주고 매 시간 확인하는 교육적 활동이 있어야 한다. 중·고등학교에서는 한 학년에 두세 명의 교사가 동일 교과를 가르치고 있다. 중간고사나 기말고사 또는 대외 고사를 보면 지도교사 간의 반별 성적 차이가 크게 나타나는 경우가 있다. 나의 교감 시절 영어과에 이 같은 사례가 발생하여 그 요인이 무엇인지를 찾아본 적이 있다. 성적이 항시 월등히 좋은 A 교사를 살펴보니 아침 일찍 출근하여 각 반을 돌아다니며 영어 숙제를 점검하는 것이었다. 성적을 높이는 요인은 수업 시간의 교사 변인에도 있으나 그보다는 수업 외의 지도 활동에 더 큰 요인이 있음을 생각게 하는 계기가 되었다. 가정에서 부모들의 예습, 복습에 대한 관심이 자녀의 학습력을 높이는 데 중요한 요인이 됨을 생각하자.

03

주의 집중 10분의 법칙을 생각하자

에디슨은 끓는 물에 계란을 넣는다며 시계를 넣었고, 아인슈타인은 점심을 먹었는지 안 먹었는지가 생각이 나지 않아 학생들에게 자신이 어느 방향에서 왔는지를 묻고 "식당 쪽에서 오셨습니다"에 "아, 그렇다면 내가 점심을 먹었나 보구나"라고 했다고 한다.

인간은 어떤 일에 집중하다보면 그 일 외에는 보이지도 생각나지도 않는다는 착각 속에서 살아간다. 미국 하버드대 심리학과 교수의 착각에 대한 실험인 '투명 고릴라 실험'의 결과를 보면 우리가 평소 얼마나 착각 속에 살고 있는지를 알 수 있다. 실험을 위해 검정 운동복과 흰 운동복을 입은 선수들이 약 1분간 농구공을 주고받고 있는 사이에 검정 고릴라 복장을 한 사람이 약 9초간 그곳에 나타나 가슴을 두드리다 사라지는 영상을 만들었다.

실험에 참가한 학생들에게 먼저 흰옷을 입은 선수들이 주고받는 공의 횟수를 세어보라는 지시를 하고 영상을 보여준 다음 고릴라를 보았는지를 물었을 때 약 50퍼센트의 학생이 고릴라를 보지 못했다는 답을 했다. 다음에는 바닥에 바운딩하여 패스하는 공의 횟수를 세어보게 했는데 그 때는 약 70퍼센트의 학생이 고릴라를 보지 못했고, 휴대폰으로 통화를 하면서 영상을 보게 했을 때는 90퍼센트의 학생이 고릴라를 보지 못했다고 한다. 실험 참가자들은 실험자의 지시에 열중한 나머지 고릴라를 보지 못한 것이다.

어떤 사람이 길을 가다가 지나가는 행인에게 길을 묻고 행인은 그에게 방향을 알려주고 있는데 갑자기 누군가가 커다란 문짝을 들고 두 사람 사이를 지나간다. 그 사이 길을 묻는 사람을 다른 사람으로 바꿨을 때 답하는 사람의 약 50퍼센트가 길을 묻는 사람이 바뀐 줄을 알아채지 못했다고 한다. 대부분의 사람들은 자신은 그런 변화를 알아차릴 수 있다고 생각하지만 실제 실험 결과는 그렇지 않았다.

　　1만 원짜리 지폐를 세종대왕의 좌우 눈을 기준으로 세로 방향으로 접은 다음 그 지폐를 위에서 내려다보면 세종대왕의 찡그린 얼굴을, 아래에서 올려다보면 미소 띤 얼굴을 볼 수 있을 것이다. 미얀마의 어느 사찰에 가면 입불상이 있는데 멀리서 보는 경우와 가까이 가서 보는 경우 불상의 얼굴 모습이 달리 보이는 것을 경험한 적이 있다. 본질은 변하지 않았는데 인간은 현상만을 갖고 이러쿵저러쿵 이야기하는 것이다.

　　우리는 눈앞의 것은 볼 수 있고 주요 사건은 기억할 수 있으며 배운 것은 안다는 착각 속에서 살아간다. 나는 며칠 전에 주유소에서 차에 주유를 한 다음 큰 도로로 진입하기 위해 좌측 차들의 흐름을 주시한 다음 우측으로 핸들을 돌리는 순간 옆에 탄 친구의 "스톱!" 하는 소리에 브레이크를 급히 밟은 적이 있다. 우측을 보니 자전거를 탄 사람이 차 앞을 지나가고 있었다. 친구가 아니었으면 인사 사고를 낼 뻔한 상황이었다. 교통사고가 났을 때 목격자들을 찾아 그때의 상황을 물어보면 같은 시간에 같은 장면을 목격했으나 전부 다른 이야길 한다.

　　우리의 삶에는 집중이 착각을 일으켜 문제를 일으킬 수 있으나, 학습에서는 집중이 학습력을 증진시키는 원동력임을 생각해야 한다. 오즈번은 인간의 사고 과정을 흡수력, 파지력, 추리력, 창의력으로 이야기하면서 관찰과 주의 집중에 의해 맨 먼저 흡수력이 신장됨을 이야기하고 있다.

자녀들이 학교 수업시간이나 집에서 숙제를 할 때 시작한 지 몇 분
후면 지루함을 느끼게 될까? 너무 지루하지도 않고 아주 재미있지도
않은 보통 정도의 흥미로운 강의를 들을 때 대부분의 사람은 10분쯤
지나면 다른 생각이 머릿속에 들어오기 시작한다고 한다.

인간의 뇌는 어느 정도의 시간이 흐르면 다른 생각이 들어와 본 학
습을 방해하게 되어 있다. 강의를 듣다보면 강의 내용의 중요성이나
강사의 강의 방법, 개인차에 따라 다르겠지만 약 10분 정도가 지나면
잡념이 뇌에 들어와 본 학습의 집중력을 떨어뜨리게 한다.

아주 재미있고 관심이 있는 강의인 경우에는 잡념이 들어오는 시간
이 늦추어질 수는 있으나 그것을 피할 수는 없다. 감동을 주는 강의, 공
감이 가는 강의인 경우가 아닌 실망과 지루함을 주는 강의를 듣는 경
우는 아주 짧은 시간에 잡념이 들어와 학습 효과를 떨어뜨린다. 아마
이 책을 읽고 있는 지금 이 순간에도 다른 여러 가지 생각 때문에 책 내
용에 집중할 수 없는 것을 경험하기도 할 것이다. 이 같은 잡념은 누구
나 갖게 되어 있고 그것을 어떻게 처리하느냐에 따라 학습 효과가 달
라지는 것이다.

자녀가 숙제를 하는 경우, 나이가 어릴수록, 여아보다는 남아가 시
작한 지 몇 분도 안 되어 "엄마, 화장실에 가고 싶어", "엄마, 목말라".
"엄마, ㅇㅇ 좀 가져올게"와 같은 이야기를 하게 된다. "야, 공부 좀 진
득하게 해봐라. 그렇게 참을성이 없어 되겠느냐?" 부모는 몇 분도 안

되어 주의가 흐트러지는 자녀의 공부하는 모습에 실망하면서 집중 학습을 강요한다.

자녀들이 가정에서 스스로 학습을 할 때 남녀 성별, 나이, 학습과제의 수준과 자신의 실력 그리고 주위 환경에 따라 주의 집중도가 다르게 나타남을 생각하자. 가정에서 공부하는 자녀를 옆에서 지켜보되 싫증을 느끼는 경우 질책할 것이 아니라 인간의 뇌는 그렇게 프로그래밍되어 있다는 것을 인정하면서 그에 대한 대책을 세우는 것이 좋다.

자녀가 학습에 집중하는 시간을 살피다가 주의 집중도가 떨어져 다른 행동을 하려는 모습이 감지되면 부모가 먼저 학습 상황에 변화를 주는 시도를 해보자. "화장실 가고 싶니? 어서 다녀와라", "물 먹고 싶니?", "과일 좀 먹고 할까?", "오늘 학교에서 선생님께 무슨 질문했니?" 부모는 자녀에게 주의 집중 시간의 연장을 강요치 말고 주의가 흐트러지는 순간을 알아 새로운 학습 분위기를 만들어주어야 한다.

자녀들의 비언어적인 행동은 감각적 인지, 분석적 인지, 평가적 인지 과정을 거쳐 알아낼 수가 있다. 자녀들이 공부를 하다가 행동의 변화가 오면 3초 정도면 그 행동을 인지하고 20초 정도의 분석적 인지 과정을 거쳐 30초면 평가적 인지로 자녀가 왜 그런 행동을 하는지를 감지할 수 있는 것이다.

소통의 90퍼센트 이상은 비언어적인 것, 신체적인 것임을 생각하고 자녀가 말로 표현하기 전에 표정이나 신체적 움직임을 미리 살펴 대처하자.

학습은 즐겁고, 공부는 할 만한 일이며 학생이 반드시 해야 할 일임을 스스로 느끼도록 하여 습관으로 정착시키자. 학습은 습관이고 좋은 학습 습관은 성취도를 높이는 길임을 생각하자.

그러나 습관에는 작심삼일이 문제이다. 연초나 월초에 다이어트, 운동, 독서 계획을 세워 실천하다 3일 정도가 지나면 시들해지는 이유는 무엇일까?

인간의 뇌는 사고의 뇌인 전두엽이 계획해서 하자고 명령하나, 동물의 뇌인 편도체가 편하게 살자, 힘들게 할 필요가 없다고 주장하면 결국 전두엽이 편도체에 지게 된다고 한다. 또한 계획한 것을 습관화하지 못하는 것은 도파민 때문이라고도 한다. 도파민은 자제력이 없고 중독성이 강한 쾌락 신경물질이다. 인간이 술과 담배가 해로운 줄 알면서 못 끊는 이유도 도파민 때문이다. 술과 담배를 보면 도파민이 분출되어 술을 마시게 되고 담배를 피우게 된다. 동물들은 해로운 것은 피하나, 인간의 뇌는 해로운 줄 알면서도 다시 그 행동을 하도록 진화

되어왔기 때문이라고 한다.

좋은 행동을 습관화하기 위해서는 3일을 참고, 3주간을 버티면 습관이 시작되고 3개월이 지나면 계속할 가능성이 생기고 3년 정도 지나면 안 하고는 못 견디는 습관으로 정착된다고 한다. 정년을 앞둔 직장인들이 정년 후엔 취미 생활을 하겠다고 한다. 그러나 정년을 하고 취미 생활을 하는 사람은 그리 흔치 않다. 정년하기 3년 전부터 자신의 적성에 맞는 취미를 찾아 익혀가야 한다. 습관은 먼저 행동이 변해야 하는데 정착된 행동을 바꾼다는 것은 쉬운 일이 아니다. 결혼 생활에서 부부간의 갈등 요인은 서로 다른 생활습관이고 그것을 고쳐보려 일생 동안 노력하나 쉬운 일이 아님을 우리는 느끼면서 살고 있다.

자녀들이 자신의 잘못된 학습 습관을 스스로 고친다는 것은 너무나 힘든 일이다. 자율에는 선택과 한계 그리고 책임이 따라야 한다. 가치관이 아직 형성되지 않은 학생들이 자신이 좋아하고 원하는 것만 선택함으로써 얻게 된 잘못된 습관을 고치기란 어려운 것이다. 잘못된 학습 습관은 부모나 교사가 한계를 설정해주는 것이 좋다. 가능하면 학생과 학부모, 교사가 함께 정해 학생의 바람직한 행동의 변화를 갖도록 해야 한다. 한계 설정은 통제나 압박이 목적이 아니라 책임감과 의무감을 갖게 하는 데 그 목적이 있다. 가능하면 한계의 범위를 넓히는 것이 학생들의 자율성과의 갈등을 줄이고 교육적 효과를 높일 수 있을 것이다.

　그리고 인간의 뇌는 멀티태스킹(multitasking)이 어렵다는 것도 생각하자. 자동차를 운전하면서 휴대폰을 조작하는 행위는 가능하기는 하나 운전에의 집중력을 떨어뜨려 사고의 위험성이 높아진다. 책을 읽다가도 다른 생각 때문에 무슨 내용인지도 어디까지 읽었는지도 모르는 경우가 있다. 공부를 잘하는 학생들은 집중 학습이 습관화된 자들이다. 한 번 공부를 시작하면 다른 생각 없이 오직 주어진 학습에만 집중할 수 있도록 하자. 집중 학습의 습관은 쉽게 정착될 수는 없다. 인간은 학습과제에 따라 다른 반응을 보이기 때문이다. 그러나 가능하면 집중 학습을 할 수 있는 학습 조건, 분위기를 만들어주는 부모의 관심이 있어야 할 것으로 생각한다. 지능지수와 학업 성취도의 상관계수는 0.32이고, 자제력과 학업 성취도의 상관계수는 0.67로 2배나 높다. 이런 관점에서 볼 때 자녀의 학업 성취도를 높이고 집중력을 강화시키기 위해서는 참는 힘, 만족 지연 능력을 길러주어야 한다.

　지능지수(IQ)는 학습을 잘할 수 있는 가능성을 나타내나, IQ가 높다고 해서 학업 성취도가 높은 것은 아님을 생각하자. 학교에서 학생들을 가르쳐보면 IQ는 높은데 성적이 나쁜 학생도 가끔 있다. 부모로부터 머리가 좋은 유전 인자를 타고났으나, 공부를 해야겠다는 의지와 공부에 대한 열정, 인내력이 없으면 학업 성취도를 높일 수가 없는 것이다.

　인간은 타고난 재능과 교사의 가르침으로 지식을 배우나 그보다 중요한 것은 스스로 힘써 노력하여 얻는 지식인 것이다. 타고난 재능에 자신의 열정과 노력이 더해질 때 자녀들의 성적은 향상됨을 생각하자. 오늘날 영재를 평균 이상의 지능과 과제 집착력 그리고 창의력이 있는 자로 정의하고 있다. 지능보다는 과제 집착력이 학습력 증진에 더 중요한 요인임을 말하고 있는 것이다.

집중 학습을 하지 않으면 시간만 허비할 뿐이다. 집중 학습을 하기 위해서는 학습의 습관화가 필요하고, 학습의 습관은 어릴 때부터 기를 수록 좋다. 주의 집중이 흐트러지는 순간을 알고 그에 대한 교육적 조치를 취해줌으로써 학습에 싫증을 느끼지 않게 하자.

주의 집중 10분의 법칙. 반드시 누구나 그렇지는 않지만 주의 집중 시간에는 한계가 있음을 생각하고, 진득하게 공부하지 못하고 해찰을 부리는 자녀를 꾸중치 말고 해찰이 시작되는 순간을 감지하여 두뇌의 전환을 꾀하는 변화로 주의 집중 시간의 연장을 꾀하자.

집중과 착각, 집중과 학습, 학습과 습관, 습관과 성격, 성격과 운명의 관계를 좀 더 깊이 있게 생각해보자.

.... 집중력 기르기

인간은 하기 싫은 일에 집중하기가 힘들다. 책을 읽고 수학 문제를 풀고 영어 단어를 외우는 일은 대부분의 사람들에게는 즐거운 일이 아니다. 그러나 인간에겐 해야 할 일이 있기 때문에 싫어도 해야 하고 하려면 열심히 집중해야 하는데 그게 쉽지 않다.

그러나 집중하기 위한 노력을 계속하면 하기 싫었던 일, 어려운 일에도 집중할 수 있는 습관이 길러질 수 있음을 생각하면서 집중력 기르는 방법을 몇 가지 제시해본다.

첫째는 명상이다. 집중력은 여러 가지 방법을 통해 기를 수 있으나 빛을 이용한 명상으로 집중력을 기르는 방법을 생각해보자. 달빛이나 촛불 앞에 똑바로 앉아 숨을 깊이 들이마시고 내뱉으면서 뚫어지게 바라보는 것이다. 이때 긴장이 풀리고 근육이 풀리는 나를 느끼면서 나의 의식적 사고를 가라앉힌다. 명상은 떠오르는 여러 가지 생각을 버리고 한 곳에 마음을 집중하는 것으로 그 효과를 얻기가 쉽지는 않으나 자녀와 부모가 가끔 밤에 달빛을 보거나 촛불을 켜놓고 바라보며 잡다한 생각을 버리는 명상의 기회를 가져보는 것은 집중력을 기르는 방법이 될 것이다.

그러나 무념, 무상에 이르는 명상법이 청소년들에게는 무리라 생각한다면 일주일에 한 번 정도 부모와 함께 눈을 감고 한 가지 생각에 몰두하는 것도 좋을 것이다. '나는 정치가가 된다', '나는 의사가 된다', '나는 ○○이 된다'는 자기의 인생 목표를 생각하기도 하고, '내가 잘하는 일, 내가 하고 싶은 일'도 생각해보도록 하자. '나는 누구인가?',

‘인생이란 무엇인가?’, ‘오늘의 반성’ 등 자기 성찰의 기회를 갖는 것도 집중력과 신념을 기를 수 있는 방법이 될 것이다.

둘째, 만족 지연 능력을 기른다. 인간은 자기의 욕구 충족을 위해 노력하고 그것이 성취될 때 즐거움을 느낀다. 자녀들도 부모의 도움으로 그들의 욕구를 충족시키며 만족과 즐거움을 느끼며 살아간다. 그러나 부모에 의해 쉽게, 자주 자녀의 욕구가 해결될 때 절제력, 자기 통제력, 인내력이 떨어지며 그 결과 학습의 집중력에도 문제가 될 수 있다.

미국 스탠포드 대학의 월터 미셸(Walter Mischel) 교수의 중산층 가정의 4세 어린이들을 대상으로 한 만족지연능력 실험을 보면, 마시멜로를 끝까지 참고 먹지 않은 아동과 바로 먹어버린 아동의 10년 후의 학교생활에는 큰 차이가 있었다. 마시멜로를 바로 먹지 않고 참았던 아동은 집중력이 뛰어나고 계획을 잘 세우며 좌절을 잘 견디고 스트레스 대처 능력이 있고 지능이 높고 성적도 좋으며 친구 관계도 좋은 것으로 나타났다.

참는 힘, 자기 통제력은 집중력의 주요한 요인임을 생각하자. 자녀들이 일상생활에서 참을성과 인내심을 기를 수 있도록 부모의 교육적 관심을 보이자. 자녀들에게 참는 힘, 인내력을 길러주기 위해서는 등산이나 여행 같은 체험 학습도 좋은 방법이 될 것이다. 무더운 여름철이나 추운 겨울철에 높은 산을 오르면서 겪는 어려움, 미지의 세계를 여행하면서 보내는 힘든 시간은 참고 견디며 학습에 전념할 수 있는 집중력을 기르는 데 도움이 될 것이다. 여행은 어릴 때는 부모와 함께, 중학교 2~3학년 이상이 되면 친구들끼리 계획을 짜 실천케 하는 것이 좋을 것이다. 2박 3일, 3박 4일 등 일정 기간 동안의 여행을 계획케 하고 필요한 최소의 비용을 줌으로써 여행을 통해 부모의 고마움, 친구 간의 우정, 그리고 세상을 보는 눈을 기르게 하자. 배고픔, 추위와 더위, 피곤함, 졸음 등 가끔은 참기 힘든 경험을 하게 함으로써 인내심과 자기 통제력을 길러주자.

셋째, 관찰력을 기른다. 길을 걷다보면 많은 간판을 볼 수가 있다. 우리는 특별한 것이나 내가 찾는 곳의 간판에만 관심을 기울이는 경향이 있다. 그러나 관찰력이 있는 사람은 이곳저곳을 살펴 평범한 것에서도 새로운 것을 발견한다.

위의 간판을 본 적이 있을 것이다. n이 소문자인 것을 발견하고 그 이유를 생각해본 적이 있는가? 네 잎 클로버에 대한 이야기를 들어보

기 전 네 잎 클로버를 찾아보려고 한 적이 있는가? 국어 시간에 소월 시 중 '갈봄 여름 없이' 라는 구절이 나오는 시가 있는데, 작가는 왜 그런 표현을 했는지를 생각해보고 질문한 적이 있는가? 프랑스 루브르박물관에 있는 비너스 상의 발을 본 적이 있는가? 그리고 팔이 잘린 이유를 질문한 적은? 바티칸 궁의 미켈란젤로가 그린 '천지창조' 를 보면서 그들의 목소리를 들어본 적이 있는가? 우리는 문맹, 색맹이라는 말을 자주 듣는다. 그러나 우리는 모양맹, 소리맹, 이미지맹으로 살아가고 있음을 생각하자. 다음 그림을 3초 동안 보고 그 특징을 말해보자.

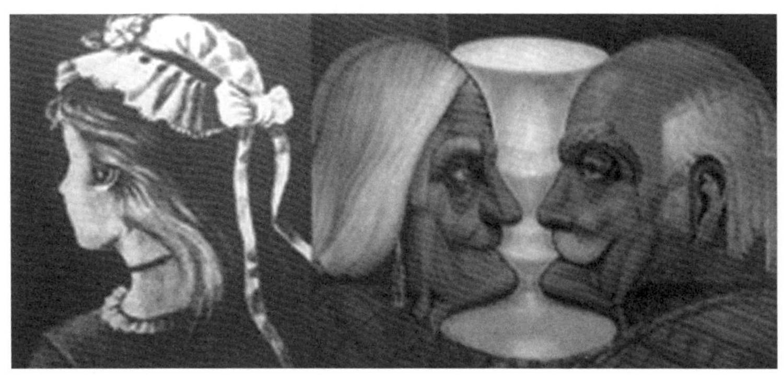

  3초간 이 그림을 본 후 무엇을 보았는지 물어보면 소녀와 할아버지, 할머니를 보았다는 사람이 대부분이다. 3초간 다시 보게 한 후 다시 물어도 거의 마찬가지다. 그림 속의 마귀할멈이나 기타 치는 아저씨, 광

주리를 이고 있는 아주머니, 문에 서 있는 아가씨를 본 사람은 몇 명에 불과하다. 다시 3초간 더 보게 해도 자기가 처음 본 이외의 것을 발견 못하는 것을 보면 관찰력이 있는 사람과 그렇지 못한 사람이 있음을 알 수 있다.

인간은 배고프면 음식만 찾고 지하철을 타면 빈 의자만 찾고 소변이 마려우면 화장실만 찾기 때문에 찾고 있는 것 외의 것에 관심이 없다. 그러나 자기가 필요한 것, 좋아하는 것에만 관심을 갖게 되면 우리의 뇌에 있는 편도체의 가속 페달에 전두엽의 브레이크는 그 효력을 발휘할 수 없게 된다. 자녀들과 길을 걸을 때, 여행할 때, 집안일을 함께 할 때 주위를 살펴 새로운 것을 발견하는 즐거움을 느끼게 해주고 다 같이 본 것에서 남과 다른 생각을 하도록 하자.

넷째, 목표를 세워 실천한다. 이때 꿈은 반드시 이루어진다는 확신을 갖고 노력하는 자녀가 되도록 하자. 오늘의 나의 부, 지위, 건강은 과거의 나의 생각과 행동이 만든 것이다. 현재의 우리의 모습은 과거에 우리가 생각했던 결과이다. 생각은 확실히 이루어지는 것과 불확실한 것으로 나눌 수 있다. 우리는 아침에 일어나 하루 할 일을 생각하고 그것을 실천해 나간다. 실천하는 일도 있고 실천하지 못한 일도 있으나 이루지 못한 일 또한 생각의 결과인 것이다. 그러나 불확실한 미래는 약속어음 같아서 믿을 수 없기에 미래를 불신하는 사람이 있는가 하면, 근거 없는 자신감을 갖고 용감히 미래에 도전하는 사람도 있다.

현재의 나는 과거의 나의 생각이 만든 결과인 것과 같이 미래의 나는 오늘의 나의 생각이 만들어낼 수 있다는 신념을 갖는다면 불확실한 미래를 확실한 미래로 변화시킬 수도 있는 것이다.

우주 만물은 에너지로 이루어져 있고 모든 에너지는 자기만의 주파수로 진동한다고 한다. 인간도 에너지이고 인간이 발산하는 전파의 근원은 생각과 감정이라 할 수 있다. 나의 소망에 믿음이 강하면 그 소망이 이루어진다고 한다. 예를 들어, 강의를 할 때 강사는 내 강의에 청중이 이해하고 공감해 주기를 바라는 주파수를 보내게 된다. 강사가 "열심히 들어달라", "공감해달라"는 말은 하지 않지만 그런 생각을 굳게 갖고 강의를 하면 청중들은 강사의 생각과 마음의 주파수를 받아 그렇게 생각하게 되고 그 주파수는 현장에 있는 사람들뿐만 아니라 우주 공간으로 퍼져가게 되어 우주 공간에 있는 같은 파장의 주파수가 주파수 발산원인 강사에게 돌아온다는 것이다.

또한 우리 뇌의 CEO 역할을 하는 전두엽은 기억력, 사고력, 통찰력, 판단력 등 의식과 의욕을 관장하는 부분으로, 생각을 바꾸고 그 생각을 나도 모르게 목표를 향해 행동으로 옮기게 하는 역할을 한다. '기분이 좋다'고 전두엽이 생각하면 즐거움과 쾌감과 관계되는 도파민, 세로토닌, 엔도르핀 같은 신경 물질이 분출되어 즐거움을 느끼게 하고 DNA에 자극을 주어 행복 유전자를 발동시켜 '나는 기분이 좋다', '즐겁다'고 느끼게 한다. 우리 몸은 60조 개의 세포로 이루어져 있고 이들세포 속에는 DNA가 들어 있으며 DNA 속에는 유전 인자와 엄청난 양의 정보가 들어 있으나 우리는 그 중 3퍼센트 정도만 활용하고 나머지는 휴면 상태로 있다고 한다. 우리가 어떤 생각을 하게 되면 외적 요인인 에너지와 주파수, 내적 요인인 전두엽과 DNA에 의해 그 생각이 현실로 나타나게 된다는 것을 믿고 꿈은 반드시 이루어진다는 것을 자녀에게 가르치자.

독감이 유행할 때 '독감에 걸리지 않았으면 좋겠다' 는 약하고 부정적인 생각을 하면 현재 의식인 생각은 잠재의식인 마음을 움직여 우리 주인은 독감에 걸리고 싶은 모양이라고 결론을 내리게 되어 독감에 걸리게 된다. '나는 건강하다' 를 생각하고 외치는 경우 건강의 주파수는 결국 건강을 가져오는 것이다. 부자가 되고 싶으면 생각의 주파수를 부자에 맞추고, 행복한 삶을 살고 싶으면 행복에 맞추면 된다. 친구들과 만나 병과 약에 대한 이야기를 하면 건강이 나빠지고, 긍정적인 삶의 이야기를 하면 건강해진다.

우리는 생각의 주파수를 무엇에 맞추느냐에 따라 미래가 결정됨을 생각하자. 아침에 일어날 때 '아이고 피곤하다. 왜 나는 매일 이렇게 피곤할까? 보다는 '아, 잘 잤다. 나는 건강하다' 라고 외치고, '나는 왜 이렇게 실패만 할까? 보다는 '나는 성공할 수 있다' 를 외친다면 건강하고 행복한 삶을 살아갈 수 있을 것이다. 긍정의 힘을 믿고 앞으로 잘 될 것이라는 자신감으로 살아간다면 긍정의 힘은 신념의 마력, 끌어당기는 힘으로 작용하여 생각을 현실로 만들게 될 것이다.

자녀나 학생을 교육할 때도 목표를 찾게 하고 그 목표를 이룰 수 있다는 자신감과 믿음, 용기를 갖게 하자. 그리고 그 목표가 성취되었을 때를 상상케 하고 그에 대한 고마움을 느끼게 할 때 생각했던 목표나 꿈은 현실로 다가온다는 것을 가르치자. 목표가 없이 살아가는 사람은 성공할 수 없다. 목표를 가진 자와 갖지 않은 자의 미래는 확연히 다름을 가르치자.

실현 가능한 목표를 찾아 기록하고 성취 기한을 정한 다음 그 목표를 향해 열심히 노력하면 우리 생각의 주파수는 DNA를 활성화시키고 우주의 같은 파장의 주파수를 불러와 목표를 성취시킬 수 있음을 자녀들에게 가르치자. 목표를 찾아라. 그것을 믿어라. 그리고 목표가 성취되었을 때의 모습을 상상하고 고마워하라. 그리고 기다려라. 그러면 목표는 반드시 내 것으로 다가올 것이다. 꿈은 반드시 이루어진다. 꿈을 갖고 열심히 노력하는 자만이 행복한 삶, 성공한 삶의 주인이 될 것이다.

장기나 바둑, 화투놀이를 할 때 다른 생각 없이 그 일에 집중하는 요인은 이기기 위한 집념, 상대방 생각을 미리 읽고 대비하기, 이겼을 때의 즐거움이 있기 때문이다. 이 같은 오락에는 이겨야 한다는 목표가 있고 규칙이 명확하기 때문에 주의 집중이 잘 되는 것이다. 자녀에게 목표를 갖게 하는 것은 바로 집중력을 기르는 중요한 방법임을 알자.

　끝으로 자기의식과 환경, 내적 필요성과 외적 환경, 내가 원하는 것
과 내가 해야만 하는 것이 일치할 때 집중력은 더욱 길러질 수 있음도
생각하자.

04

동력에 관심을 갖자

열심히 공부하게 하는 동력은 무엇일까? 지능과 재능 그리고 잠재력일까? 부모로부터 양질의 유전 인자를 물려받고 부유한 환경에 태어난 자는 그렇지 않은 자보다 성공할 수 있는 가능성이 더 높을 수 있다. 그러나 열심히 공부하여 인생의 목표를 성취하는데는 유전적 요인보다 후천적 요인인 동력이 필요하다.

벤츠, 아우디, 포드, 현대자동차 등 굴지의 회사에서 만든 성능 좋은 자동차도 움직이기 위해서는 연료가 필요하듯, 좋은 환경, 좋은 DNA를 타고난 자녀도 열심히 공부할 수 있는 동력이 필요함을 생각하자.

프랑스 작가 생텍쥐페리는 "배를 건조하고 싶다면 사람들에게 나무를 모으고 연장을 준비하라고 하는 대신 바다에 대한 그리움을 불러일으켜라"고 했다. 열심히 공부케 하기 위해서는 외적 동기보다는 내적 동기, 즉 마음 깊은 곳에서 학습에 대한 열망이 싹터 용솟음치게 하는 교육이 필요하다.

그렇다면 학습의 동력은 무엇일까? 자녀들이 공부는 즐거운 것, 해야만 하는 일로 생각하고 열심히 노력하게 하는 동력은?

나는 비전과 꿈, 자신감과 자존감, 긍정적 사고, 도전과 집중, 배려와 소통, 호기심과 창의성이라 생각한다. 부모는 누구나 자녀의 일류대학 진학을 바란다. 그러기 위해 초등학교 때부터 사설 학원에 보내면서 부모는 과도한 경제적 부담에 힘들어하고, 자녀는 과도한 학습 부담에 시들어가고 있다.

이 같은 과도한 학습이 노력과 비용, 시간에 비해 효과를 얻지 못하는 이유는 무엇일까? 학교에서 정규수업, 보충수업, 자율학습을 마치고 집에 돌아와 예습과 복습을 하고 사설학원에서 밤늦은 시간까지 공부를 하는데도 자녀의 성적은 오르지 않고 원하는 상급학교에 진학하지 못하는 이유는 무엇일까?

많은 이유가 있겠지만 공부를 왜 해야 하는지, 왜 좋은 대학에 가야만 하는지를 모르고 공부하기 때문이라 생각한다. 자녀에게 "열심히 공부해라"고 말로만 외칠 것이 아니라 그들이 스스로 공부의 필요성을 깨닫는 체험학습의 기회를 갖게 하는 것도 좋을 것이다. 그러기 위해 방학 때나 연휴기간에 자녀와 함께 속칭 일류대학을 방문해보자. ○○대학의 교문 앞에서 '이곳이 ○○대학이란다. 네가 이런 대학을 꼭 가야 한다'라며 자녀에게 압박감이나 의무감을 주는 말 대신 '엄마, 아빠는 네가 열심히 공부하여 훗날 이런 대학에 다녔으면 좋겠는데' 라는 말로 부모의 마음을 전하고 교내 이곳저곳을 돌아다니고 구내식당에 들러 점심을 먹으면서 그곳의 대학 생활을 느끼게 하자. 자녀의 마음속에 열심히 공부하여 나도 이런 대학에 가야겠다는 각오와 결심을 각인시킬 수 있는 동기가 될 것이다.

자녀에게 비전과 꿈을 심어주는 방법에는 독서가 있다. 아인슈타인, 에디슨, 다윈, 스티브 잡스, 레오나르도 다빈치, 슈베르트, 베토벤, 셰익스피어, 간디, 칸트, 이순신, 정약용, 세종대왕 등의 전기를 읽으면서 그들의 역경과 고난의 삶, 그들의 열정과 노력에 감동함으로써 자녀들의 꿈은 그들의 가슴속에 익어갈 것이다. 부모의 말보다 스스로 읽고 느끼는 경험이 훨씬 더 효과적임을 생각하자.

부모는 자녀에게 위인의 성공담만을 이야기하는 경우가 허다하다. 그러나 그들이 인류를 위해 남긴 위대한 업적 뒤에는 어려운 환경에서 피나는 노력이 있었음을 생각해야 한다. IT의 영웅 스티브 잡스는 미혼모에게서 태어나 생후 1주일 만에 입양되었고 하버드대 입학 6개월 만에 중퇴를 했으며 퇴사 후 다시 입사하여 애플사를 세계 굴지의 회사로 만들었다. 레오나르도 다빈치는 날품팔이 여자의 사생아로 태어나 교육을 제대로 받지 못하고 자랐다. 그러나 그는 화가, 건축가, 조각가, 철학자, 과학자, 의학자로 오늘날 융합인의 대표자로 꼽히고 있다. 아인슈타인은 그리스어 교사로부터 "넌 커서 아무것도 되지 못할거야"라는 말을 들었고 취리히 기술대 시험에 떨어진 경험도 있다. 대졸 후 고등학교 교사 자리도 못 구하다가 친구의 도움으로 특허사무소 서기로 7년 동안 일했고, 취리히 대학 강사가 됐을 때 수강생이 3, 4명에 불과한 힘든 삶을 살기도 했다. 에디슨은 입학 3개월 만에 학교에서 쫓겨나 가정에서 교육을 받았고 기차에서 신문팔이를 하다 화재로 인해 차장에게 맞아 고막이 파열되는 일도 있었다. 아인슈타인, 에디슨은 어려서 난독증이 있어 학교생활에 어려움이 컸다고 한다. 난독증이란 글 읽기를 잘 못하고 글을 잘 이해하지 못하며 단어를 정확히 생각해 내지 못하는 증세로 주의력 결핍, 행동 장애, 우울증, 정서불안 등을 갖게 하는 장애 증상인 것이다. 그러나 어렸을 때 난독증이 있는 자녀를 크게 염려할 필요는 없다. 난독증이 있는 어린이가 오히려 우수한 인재로 성장하는 사례가 많이 있기 때문이다. 난독증을 가진 어린이는 우뇌가 발달하고 창의성이 있어 특히 예술, 과학 분야에 뛰어난 재능을 발휘하는 경우가 많다. 어려서 단어 암기, 한자 쓰기, 숫자 계산에 특출한 학생이 성공한 사례는 드무나 난독증을 보인 학생이 성공한 사례는 많음을 생각하자. 만일 에디슨이나 이인슈타인이 한국에서 태어나 우리 교육을 받고 자랐다면 어떻게 되었을까? 우리 교육은 그들을 문제아, 부진아로 판단하고, 그들은 타고난 재능을 발휘하지 못했을지도 모른다. 위인들의 성공 결과만이 아닌 어려움을 극복하고 성공한 위인들의 삶을 자녀가 스스로 느끼게 하자.

　'이 길로 갈까, 저 길로 갈까? 두 갈래 길에 서게 되면 이쪽저쪽을 잘 살핀 다음 가도록 하라', '돌다리도 두드려보고 가라', '오르지 못할 나무는 생각지도 마라' 는 교훈을 듣고 우리는 성장했고, 지금의 부모들도 대부분 이 같은 생각으로 자녀를 지도한다. 그러나 21세기 창의성 시대에서는 이 길, 저 길이 아닌 제3의 길을 찾아가야 하고, 오르지 못할 것 같은 나무에도 올라가야 하는 용기와 도전정신이 있어야 한다. 자녀에게 도전정신을 길러주자. 해안선만 따라 항해하던 시절에 120명의 선원을 배 3척에 태우고 대서양을 항해한 콜럼버스, 증명할 수 없었지만 확신을 갖고 지동설을 주장한 코페르니쿠스, 지구는 둥글기 때문에 먼 거리의 송수신이 불가능하다는 주장에도 대서양을 넘어 무전기의 송수신을 과감히 성공시킨 말코니 등등, 인류 역사의 발명과 발견은 불굴의 도전정신의 결과이다.

　이 같은 도전적, 도발적인 삶을 살아갈 수 있는 자녀로 기르기 위해서는 도전 체험을 시키는 것도 필요하다. 겨울 등산, 래프팅, 여행, 번지 점프, 다이빙, 빙벽 타기 등 고난도 경험의 기회를 갖게 하자. 요즈음 부모는 한 자녀만 낳아 애지중지 기르기 때문에 위험이 따르는 학습은 피하는 경향이 있으나, 대중 앞에 설 수 있고 조직을 끌고 갈 수 있는 자녀로 기르기 위해서는 이 같은 도전의 체험을 자녀에게 경험하도록 해야 한다. 처음에는 두려워하지만 한 번 경험하고 나면 자신감이 길러져 도전을 두려워하지 않게 되는 것이다. 새로운 학습과제에

대한 두려움을 없애고 자신감, 집중력을 기르기 위해서 도전 체험을
갖게 하자.

스티브 잡스는 2005년 스탠포드 대학 졸업식에서 "Stay hungry,
stay foolish"라는 말을 했다. 배고프게, 바보같이 살아라가 아닌 갈구
하라, 욕망을 갖고 살아라, 엉뚱한 생각, 새로운 생각을 갖고 도전하라
는 의미의 스티브 잡스의 이야기를 자녀에게 가르치자.

자녀에게 비전과 꿈을 심어주고 도전 경험을 통해 자신감과 인내심
을 기르게 하고 모든 일에 호기심을 갖고 긍정적으로 사고케 하는 것
은 자녀의 학습에 동력이 됨을 생각하자.

05

TV와 컴퓨터를 옮기자

TV 시청을 교과 학습의 저해 요인으로 생각하는 부모가 대부분이다. 사실 EBS를 제외한 거의 대부분의 TV 프로그램은 교과 학습과 무관한 내용들이고 자라나는 청소년들의 건전한 성장에 도움이 되지 않는 프로가 많다.

자녀가 필요한 경우에만 EBS 방송을 시청하고 나머지 시간에는 학습에 전념하게 하는 방법은 없을까? 얼마 전에 울산교육연수원에서 강의를 마치고 고속버스를 타기 위해 터미널까지 어느 선생님의 차를 이용하여 가게 되었다. 차 안에서 자녀교육에 대한 이런 저런 이야기를 하다가 TV 시청에 대한 이야기를 하게 되었다. "저는 TV를 아예 없애버렸습니다"라는 선생님의 말을 듣고 요즈음 젊은 부모들의 자식 교육열에 깜짝 놀란 적이 있다. 자녀교육을 위해 TV를 없애는 것이 바람직한 일일까?

대부분의 가정에는 TV가 거실에 있다. 거실에서 TV를 시청하면서 자녀들에게는 공부하라는 부모는 TV의 역기능을 생각해야 한다. 부모의 TV 시청이 자녀 공부에 방해가 되지 않게 하기 위해서는 TV를 안방에 놓아두고 필요한 경우 자녀가 안방에 와서 시청케 하는 것이 좋을 것이다. TV에서 방영하는 좋은 프로는 부모와 같이 시청하고 그 내용에 대한 이야길 서로 주고받는 시간을 갖는 것도 자녀의 건전한 성장에 도움이 될 것이다. 청소년이 보아야 할 영화나 TV 프로를 보여주는 부모가 되자.

요즈음 학생들은 영화 볼 시간이 없다. 과거에는 정기 고사가 끝나면 학교에서 단체로 영화를 보여주었다. 그러나 지금은 극장 구조가 과거와 달라 단체입장을 할 수 있는 극장은 거의 없다. 학급 단위로 관람하는 방법을 생각할 수 있으나 그 또한 쉽지 않은 것이 오늘의 학교 현실이다. 그러므로 좋은 영화는 가정에서 TV를 통해, 가끔은 부모나 친구와 함께 극장에 가서 보도록 하자. 영상을 통해 감동을 느끼는 경험은 인생에 엄청난 변화의 불씨를 마음에 심어준다.

슬픈 영화를 보고도 눈물을 흘려본 적이 없던 내가 영화를 보면서 눈물을 흘린 적이 있다. 여성은 남성에 비해 감성적이어서 연속극이나 영화에 몰입하여 자신이 주인공이 되어 울고 웃고 화내고 즐기나, 남성은 그런 장면에 깊이 빠져들지 않고 그저 보는 정도에 그치는 경우가 많다. 그런데 몇 년전에 본 〈고지전〉이란 영화는 나를 울렸고, 〈최후의 병기 활〉이란 영화에서는 자기 전우를 살리려는 모습에 겨눈 활을 거두는 인간애에 큰 감동을 받았다. 안개가 짙게 낀 전선의 아침, 고요한 정적 속에 북한군 진영에서 '전선야곡'이라는 노래('들려오는 총소리를 자장가 삼아 꿈길 속에 날리는 이슬도 차가운데 밤잠을 ……')가 들려오고 그 노래를 아군 진영에서도 부르기 시작하는 것이었다. 합창이 끝나고 안개가 걷히는 순간 고요했던 전선이 서로간에 죽고 죽여야 하는 전쟁터로 변하는 비참한 상황을 보면서 '전쟁이란 무엇인가?', '전쟁은 누구를 위해 하는 것일까?', '같은 언어로 같은 노래를 부르는 동족끼리 왜 싸워야 하는가'를 깊이 생각하며 눈물이 났다. 우리 자녀들에게도 건전한 영화는 보여주고 부모와 같이 그 느낌을 서로 이야기하는 것은 교육적으로 바람직한 일이라 생각한다.

그리고 컴퓨터의 역기능도 생각해보자. 최근 들어 오락이나 게임 중독에 빠져 공부를 등한히 하는 청소년들을 주위에서 흔히 본다. 컴퓨터는 오늘날 반드시 있어야 할 매체이나 잘못 사용하면 그 부작용이 너무 커 자녀들의 성장에 저해 요인이 됨을 생각하자. 자녀가 공부방에서 컴퓨터로 무엇을 하고 있는지를 부모는 알 수가 없다. 수시로 방에 들어가 점검할 수는 있으나 그것은 교육적이지 못한 행동이다.

이 같은 컴퓨터의 문제는 컴퓨터를 거실에 놓아두고 자녀가 거실에서 컴퓨터를 사용하도록 하는 방법으로 해결할 수가 있다. 거실은 가족의 공동 공간이므로 다른 가족을 생각하면서 컴퓨터를 사용하도록 하자.

요즈음 초등학교 저학년생들도 갖고 다니는 휴대폰, 특히 스마트폰도 학습에 저해가 됨을 생각하자. 부모가 자녀에게 스마트폰을 사주는 이유는 무엇일까? '급할 때 연락하기', '자녀가 어디 있는지 확인하기'가 주된 목적이라 생각한다. 그러나 정보 검색, 음악 듣기, 영화 보기, 게임, 오락 등 다양한 기능을 가진 스마트폰은 자녀들의 학습력을 떨어뜨리는 기기임을 생각해야 한다.

교실 수업을 해본 사람이면 요즈음 교실은 난장판, 교사는 죽을 판이란 것을 실감할 것이다. 얼마 전에 전북 모 중학교에 '세계를 향해 나가자' 라는 주제의 강의를 하러 간 적이 있다. 강의 시작종이 울렸는데도 학생들은 강당으로 들어오지 않고 선생님들의 입실 지도에도 자기들 할 일만 하는가 하면, 강당에 앉자마자 서로 이야기하고 장난하고 휴대폰을 갖고 뭔가를 하거나 여학생이 앞 의자 등받이에 발을 올려놓고 누워 있고, 강의 도중에도 소리 지르는 학생, 밖으로 나가는 학생 등 과거에는 볼 수 없었던 교실 상황에 강의를 포기하고 나오려 했다.

유비쿼터스 시대에 스마트폰 같은 기기가 유익하고 필요하나 학생들이 그것을 소지하고 수업에 임하는 것은 바람직하지 않다고 생각한다. 스마트폰을 가지고 수업 시간에 문자 메시지 보내기, 음악 듣기, 심지어는 게임을 하고 영화를 보는 학생도 있음을 생각하자. TV, 컴퓨터,

스마트폰은 현대인에게는 필요한 문명의 이기이나 학생들에게는 필수
품이 될 수 없음을 생각하자. 인간의 두뇌는 멀티태스킹을 할 수 없으
며 두 가지 일을 하는 경우 집중력이 떨어짐을 생각하자.

06

운동, 놀이, 휴식이 중요하다

자녀들이 열심히 공부할 수 있는 기본 동력은 정신력에 이어 신체적 건강이다. 운동과 놀이, 휴식이 신체적 건강을 증진시켜 자녀의 학습력을 향상시키게 됨을 생각하자.

.... 운동과 학습

운동은 인지 능력을 강화시킨다. 성적이 비슷한 학생을 20명씩 A, B, C, 세 반으로 나누어 방과 후에 운동과 영어 공부를 하게 한 실험이 있다. A반은 일주일 중 5일간 하루 30분씩 유산소 운동을, B반은 일주일 중 5일간 하루 30분씩 영어 공부를, C반은 평상시와 같은 활동을 3개월간 하게 한 후 뇌의 변화를 추적해보았다.

운동을 해온 A반은 심폐 기능과 지구력, 언어 기억력이 높아지고 뇌의 활성화와 신경 세포 간의 연결 또한 활성화되었다. 영어 공부를 해온 B반은 1개월 후부터는 영어 공부에 싫증을 느끼는 학생이 많아졌고 주의 집중력이 점점 낮아졌다. 그러나 A, B반은 모두 C반에 비해 언어 기억 기능이 상승했다고 한다. 초등학생을 두 반으로 나누어 A반은 일주일에 2~3회, 하루에 30분씩 달리기를 시키고, B반은 그렇지 않은 경우 12주 후 A, B반의 인지 능력에 큰 차이를 보인 실험도 있다.

운동을 하면, 특히 유산소 운동은 뇌에 많은 산소를 공급하게 되고 그 결과 뇌세포를 활성화시켜 인지 능력을 높인다. 인간의 뇌는 1.5킬로그램으로 전체 몸무게의 2퍼센트밖에 되지 않지만, 몸에 흐르는 혈액의 20퍼센트를 사용하고 있다.

운동은 육체적 건강뿐만 아니라 뇌의 활성화로 인지 능력을 기른다는 사실을 생각하고 자녀들에게 운동할 기회를 제공하자. 신체 활동을 꾸준히 하면 집중력, 자존감, 긍정적 사고, 학업 성적이 높아지고, 우울증이나 불안감 같은 부정적 자아개념이 낮아진다는 사실이 많은 연구를 통해 입증되고 있다.

아침이나 오전의 20~30분의 유산소 운동과 오후나 저녁 20~30분간의 무산소 운동은 육체적 건강과 정신적 건강에 큰 도움을 줄 것이다. 그리고 자녀들의 뇌 건강을 위해서는 아침밥을 꼭 챙겨 먹이는 일도 잊지 말아야 한다. 뇌의 에너지원은 탄수화물이기 때문이다. 아침에는 탄수화물이 든 밥을 먹어야 뇌세포가 활성화된다.

다이어트한다고 저녁을 먹지 않고 아침밥도 먹지 않는다면 점심시간까지 거의 20시간 동안 뇌에 필요한 에너지 공급이 끊겨 인지 능력이 현저히 떨어지게 되는 것이다. 저녁밥을 먹지 않고 아침에 일찍 일어나 책을 보면 뇌가 쉽게 피로함을 느껴 학습 능률이 오르지 않음을 경험해본 적이 있을 것이다.

자녀가 공부를 열심히 하여 좋은 성적을 얻기를 바라는 부모라면 아침부터 저녁 늦게까지 공부만 시키지 말고 하루에 한 시간 정도는 운동을 하게 하자. 그리고 학교에서도 체육 시간뿐만 아니라 휴식 시간에 운동장에 나가 뛰어놀게 하자. 학생들은 공부에 시달려 운동장에 나가 놀기를 싫어하고 교실에 남아 휴식을 취하려 하고 집에 돌아와서도 과중한 학습 부담으로 운동할 생각도 못한다. 그러나 운동 부족은 육체적 건강을 해칠 뿐만 아니라 인지 능력의 저하를 가져옴을 다시 한 번 생각하고 가능하면 자녀들이 즐겁게 운동할 수 있는 시간과 공간을 제공하자.

.... 운동과 건강

건강의 비결은 운동에 있다. 오늘날 청소년들은 과거에 비해 키가 크고 몸무게는 늘었지만, 즉 체격은 크게 향상되었지만 체질과 체력은 약해졌다. 운동장에서 운동하다가 넘어지거나 서로 부딪히면 뼈가 부러지는 사례가 과거에 비해 점점 늘어나고 있다. 요즈음 청소년들의 체력이 약한 것은 먹는 음식에도 문제가 있지만 운동을 하지 않는 데도 그 요인이 있다고 생각한다.

성인들도 현대 문명의 이기에 의존하며 생활의 편리함을 추구하다 보니 움직이기를 싫어한다. 학생들은 더구나 운동할 시간이 없다. 특히 매일 별보기 운동에 시달리는 고등학생들은 운동과는 결별된 일상 생활을 하고 있다.

우리는 주위에서 나이에 비해 훨씬 건강한 사람을 만나면 부모의 건강 유전 인자를 갖고 타고났다고 판단한다. 물론 건강 유전 인자를 갖는 것도 중요하지만 그 사람이 지금까지 어떻게 살아왔는지, 지금 어떻게 살고 있는지가 더 중요한 것이다. 아무리 부모의 건강한 유전 인자를 갖고 태어났더라도 살아오는 동안 건강관리를 안 해왔고 현재도 몸에 해로운 술, 담배를 가까이 하고 운동도 하지 않으며 스트레스를 받는 환경에서 부정적 생각을 갖고 살아간다면 건강한 사람이 될 수는 없다.

국민 70명 당 1명, 80세 이상은 3명 중 1명이 암 공포에 떨고 있고 젊은 나이에도 건망증과 치매 현상이 나타나며, 고혈압, 당뇨, 뇌졸중 등 질병 때문에 우리는 힘든 삶을 살고 있다. 생체 나이가 70세인 40세의 사람이 있는가 하면 생체 나이가 40세인 70세의 사람도 있다. 학창 시절에, 젊은 시절에 어떻게 건강관리를 하느냐에 따라 생체 나이가 10년에서 최대 30년의 차이를 보인다고 한다. 자녀들의 건강한 내일을 위해 부모는 항시 자녀 건강에 관심을 가져야 한다.

건강은 상체와 하체, 좌체와 우체와의 싸움이고, 먹고 자고 잘 배출하는 신체 활동에서 기인한다고 생각한다. 정신노동을 하는 사람은 하체가 약하고 육체노동을 하는 사람은 상체(두뇌)가 약한 경우가 많다. 건강을 위해서는 상하좌우 대칭 운동이 필요함도 자녀에게 가르치자.

우리는 대부분 오른발, 오른손을 많이 사용하며 일생을 산다. 우리 몸은 생활습관에 의해 한쪽 근육만 발달하게 되고 안 쓰는 쪽의 근육은 퇴화되는 것이다. 나이가 들어 허리나 목 디스크에 의해 한쪽 손이나 발에 더 통증을 느끼는 것은 한쪽만 사용해온 우리의 생활습관 때문임을 생각하자. 아침에 잠에서 깨어 일어날 때, 과일을 깎을 때, 물건을 들 때, 가방을 어깨에 멜 때, 머리를 빗을 때 등 일상생활에서 신체의 한쪽만 사용하지 말고 양쪽을 사용하는 습관을 갖자. 탁구나 테니스, 축구, 골프 같은 운동을 할 때도 가끔은 손과 발을 바꿔보기도 하고, 지하철을 탈 때도 출발 시 좌우 발에 힘의 균형을 유지하는 습관을 갖는 것은 나이 들어 관절의 고통을 덜 느끼며 살아갈 수 있는 방법임을 생각하자.

비대칭 운동으로 이미 굳어진 근육은 질병을 유발하여 평생 고통으로 살아감을 생각하자. 좌체와 우체를 균형 있게 활용하는 생활을 어릴 때부터 습관화하는 것이 좋다. 성인이 되어 몸의 근육이 한쪽으로만 굳어진 다음에는 균형을 잡기에 많은 시간과 노력이 필요하기 때문이다.

운동이 뇌졸중의 57퍼센트, 알츠하이머병의 60퍼센트를 감소시킨다는 실험 결과를 발표한 학자도 있다. 사후 자신의 뇌를 기증한 수녀들의 뇌를 분석한 결과, 평생 독서와 글쓰기 등 지적 활동을 하다 심장마비로 사망한 베르나데트라는 수녀의 뇌는 심각한 알츠하이머 수준을 보이는 상태였다. 또 체스 두기를 좋아했고 실력도 상당했으며 뇌와 무관한 원인으로 사망한 런던의 어느 은퇴한 교수의 뇌도 치매 말기로 보이는 상태였다고 한다. 평소 책을 읽고 글을 쓰고 봉사하고 무언가를 배우고 끊임없이 활동하며 뇌의 인지 능력을 기른 사람은 죽는 날까지 치매 증상이 나타나지 않았다는 것이다.

또한 건강의 비결은 긍정적 생각으로 살아가는 것이다. 모래시계를 볼 때 위에 남은 모래를 보는 자와 아래쪽에 쌓이는 모래를 보는 자, 물이 반 쯤 담긴 컵을 볼 때 위의 빈 공간을 보는 자와 아래 물이 차 있는 공간을 보는 자에서 우리는 어떤 생각으로 삶을 살아야 하는지를 배울 수 있는 것이다.

베트남 전쟁 때 베트남 포로수용소에 잡혀 있었던 미군 중 살아온 사람은 비관적인 생각을 하는 사람보다는 낙관적인 생각을 했던 사람이, 낙관적인 생각을 한 사람보다는 현실적인 생각을 한 사람이라는 기사를 읽은 적이 있다.

인간이 건강한 것은 부모에게 물려받은 유전 인자 때문이기도 하지만 성장 과정에서 부모의 식습관, 생활환경을 같이 공유하고 살아왔기 때문에 부모가 건강하고 장수하면 자녀들도 부모와 같은 인생을 살게 되는 것이다. 건강한 신체에 건강한 정신이 깃든다는 것을 생각하며 자녀의 건강관리에 최선을 다하자.

시간이 허락하는 경우, 아니 시간을 만들어서라도 자녀에게 운동을 시키자. 걷기나 달리기같이 혼자서 할 수 있는 운동도 좋고, 축구나 농구, 탁구, 배드민턴같이 몇 사람이 모여 하는 운동도 좋다. 걸어서 등하교를 하게 하고 지하철이나 버스를 이용할 경우 몇 정거장 전에서 내려 걸어가게 하고, 아파트 계단이나 지하철 계단을 걸어 오르는 것을 습관화시키자. 가능하면 햇빛이 비치는 야외나 운동장에서 운동을 하게 하자. 햇빛은 비타민 D를 만들어 뼈를 튼튼히 해주고 멜라토닌, 세로토닌을 만들어 우울증 예방과 수면에 도움을 주며, 활발한 혈액 순환으로 고혈압 예방과 혈당 수치를 낮추기 때문이다.

요즈음 비만 학생이 늘어나고 있고 학생들은 날씬한 몸매를 갖기 위해 무리한 다이어트로 체력이 약화되고 있다. 건강한 체력과 날씬한 체형을 얻기 위해서는 운동 이외의 방법은 없다. 성인 남자는 하루에 2,500칼로리, 여자는 2,000칼로리의 열량을 필요로 한다. 남성의 경우

2,500칼로리 중 호흡이나 혈액 순환 등 신진대사에 1,500칼로리, 일상 생활에 700칼로리를 소비하고 나면 300칼로리가 남는다. 매일 운동으로 300칼로리를 태우지 못하면 체지방으로 축적되고 이것은 비만으로 이어져 질병을 유발한다.

生老病死에서 生老死는 숙명이고 病은 운명이라 할 수 있다. 病은 심신을 어떻게 관리하느냐에 따라 발병할 수도 있고 치유할 수도 있는 것이다. 음주, 흡연, 다식소동 등 잘못된 생활 습관, 검증되지 않은 음식물 섭취, 미래에 대한 불안감, 상대적 빈곤감에서 느끼는 스트레스, 생계유지의 수단으로만 생각하는 직업관 등을 슬기롭게 극복하고 바람직한 삶의 방식을 갖게 하자. 부모의 지도와 스스로의 선택으로 건강하고 가치 있는 삶을 살아가는 청소년이 되게 하자.

.... 놀이와 창의성

놀이와 휴식은 관계성과 창의성을 높인다. 시골에 가면 어린이가 보이지 않고 도시의 아파트 놀이터에서도 어린이를 보기가 힘들다. 과거 1950년대 나의 어린 시절의 학교교육은 주입식 교육으로 암기와 반복 학습, 타율 학습이 주를 이루었으나 집에 돌아와서는 놀이를 통한 창의성 학습이 있었다고 생각된다. 그 시절에는 노는 것이 재미있어

학교에서 집에 돌아오면 책가방은 던져놓고 밖에 나와 온 동네 아이들이 모여 놀기를 즐겼다. 딱지치기, 자치기, 땅빼앗기, 돌차기, 고무줄넘기, 구슬치기 같은 놀이로 해지는 줄 몰랐고 들과 산을 돌아다니면서 각종 열매를 따먹기도 하고 남의 밭에 들어가 감자 캐먹기, 오이나 토마토, 구기자를 따먹다 주인에 들켜 도망 다니기도 하며 그렇게 뛰어다니면서 놀았다. 동네 어린이들이 함께 모이기 때문에 가끔은 싸우기도 하지만 다음날 다시 만나면 또 함께 재미있게 놀았다.

과거에는 어린이들끼리 몸을 부딪치면서 살았고 땅과 가까이 하면서 살았다. 비가 오면 도랑에 가서 미꾸라지, 붕어를 잡고 눈이 오면 썰매를 만들어 탔으며 보름에는 연을 만들어 날렸다. 요즈음 어린이들은 블록 장난감을 동봉된 설계도에 따라 짜 맞추는 놀이를 한다. 자동차, 비행기, 우주선, 로봇을 지시대로 만드는 것이다. 어린이들은 이 같은 짜 맞추기 식 놀이에 쉽게 싫증을 느끼기 때문에 부모는 또 다른 장난감을 사줘야 한다. 이 같은 장난감은 어린이들의 정신 발달에 도움을 줄 수 없다. 어린이들의 창의성을 기르기 위해서는 '날 것', 살아 있는 자료가 필요한 것이다. 지금의 유치원이나 학교교육은 만들어진 자료를 지시에 따라 짜 맞추는 것이나 과거 어린이들은 '날 것'에서 새로운 것, 필요한 것을 만들면서 자랐다. '연'을 만들기 위해 대나무를 직접 베어와 칼과 낫으로 자르고 다듬었으며, 눈이 오면 썰매를 만들고, 비탈길을 타고 내려오는 구루마도 소나무를 베어와 만들었다. 동네 어린이들이 모여 노는 가운데 관계성, 상호작용 역량이 길러졌고, 스스로 필요한 것을 만들어 사용하는 가운데 창의성이 길러졌다고 생각된다.

오늘의 학생들은 과거의 학생들보다 공부도 많이 하고 환경도 좋아 아는 것이 많다고들 한다. 그러나 지금의 학생들은 지식과 정보의 홍수 속에 살기 때문에 많은 것을 아는 것 같지만, 과거의 어린이들보다 머리가 좋은 것이 아니고 창의성이 높은 것도 아니라고 생각한다.

오늘날 과학의 발달은 과거의 과학자들에 의해 이루어진 것이고 과거의 학문을 기반으로 오늘의 학문이 발달해온 것이다. 과거 우리 선조들이 이룩한 수많은 업적을 살펴보면 오늘의 발달에 뒤지지 않은 업적을 보였음을 알 수가 있다.

과거에는 '창의성 교육', '자율성 신장' 이라는 형식적인 교육은 없었으나 자기 주도적 학습은 지금보다 더 강했다고 생각한다. 과거에는 실력이 부족한 선생님이 많았었다. 수업 시간에 수학 문제를 못 푸는 경우도 있었고, 영어 문장 해석도 잘 못하거나 잘못된 설명으로 학생들을 혼란케 하는 경우도 있었다. 이런 경우 학생들은 스스로 공부하여 그 문제를 해결하는 것이 보통이었다. 그 시절에는 참고서도 변변치 않았고 교과에 따라서는 참고서가 없는 경우도 있었다.

오늘날 학생들은 좋은 환경에서 실력 있는 선생님의 지도를 받으며 공부한다. 자녀들 또한 좋은 가정환경에서 교육받은 부모의 도움을 받고 자라고 있다. 그러나 일류 학교 진학을 위한 공부 때문에 놀 시간이 없다.

미래 국력의 바탕은 창의성이고 미래의 풍요로운 삶의 동력도 창의
성이다. 요즈음 학교나 가정에서의 교육을 살펴보면 구호는 창의성이
지만 실제로 비창의성 교육이 전개되고 있다. 창의성은 놀이에서부터
싹이 튼다고 생각하고 놀이를 통한 창의성 교육에 관심을 갖자.

비가 온 후 물 젖은 흙을 뭉쳐 스스로 무엇인가를 만들어보고, 눈이
오면 눈을 갖고 여러 가지 형상을 만들어보기도 하고 눈싸움을 하면서
눈덩이에 맞아 아픔을 느끼기도 하고 서로 싸우기도 하면서 자라는 아
이가 집안에 앉아 편히 공부하는 어린이와의 경쟁에서 이길 수 있음을
생각하자.

잘 노는 자가 일도 잘한다는 말이 있다. 옳은 말이다. 놀 줄 모르는
자는 배려심이나 협동심도 모르는 자로 성장한다. 서로 어울려 노는
과정에서 사회적 상호작용 역량이 길러지고 필요한 것을 스스로 만들
면서 즐기는 놀이에서 창의성은 신장됨을 생각하고 자녀들의 놀이 환
경을 만드는 데 관심을 기울이자. 놀이가 최고의 학습임을 생각하자.

.... 휴식과 창의성

편안함 속에서 새로운 아이디어가 창출된다. 피로가 축적되면 인지

능력의 저하로 학습력이 떨어질 뿐만 아니라 면역력의 저하로 각종 질병에 걸리기 쉽다. 휴식하는 동안에 새로운 아이디어가 떠오름을 경험한 적이 있을 것이다. 잠들기 전에, 화장실에서, 조용한 카페에서 커피 한 잔을 마실 때, 낚시하며 기다릴 때 갑자기 새로운 생각이, 안 풀렸던 문제가 풀리는 경험을 했을 것이다.

인간의 뇌는 휴식시간이나, 잠자는 동안에 저장하고 있던 정보를 분석, 종합, 재편집한다. 창의성은 인지 불균형에 의해 생성된다는 이론도 있다. 뇌에 많은 정보가 쌓이다가 어느 순간 허물어질 때 창의성이 생긴다는 것이다. 이런 순간은 육체가 휴식을 취할 때인 것이다.

창의성은 개인의 풍요로운 삶, 사회 경쟁력, 국가의 운명을 좌우하는 인간의 지적 능력으로 유창성, 융통성, 독창성, 정교성, 민감성의 특성을 갖고 있다. 일반적으로 번득임, 돌연변이, 우연, 확산적 사고, 수평적 사고, Aha와 Eureka를 외치게 하는 인간의 능력으로도 이야기되기도 한다.

아르키메데스는 목욕탕에서 욕조의 물이 넘치는 것을 보고, 아인슈타인은 바람 부는 언덕에서 아침빛을 타고 우주를 여행하는 상상을 하면서, 뉴턴은 사과 떨어지는 것을 보고, 가우스는 1＋2＋…＋100의 풀이가 갑자기 생각났을 때 "Eureka(알았다)!"를 외쳤다. 창의적 생각은 통찰과 직관에 의해, 내적 상상과 외적 경험이 합치될 때, 전두엽의 의욕과 측두엽의 경험이 만날 때 창출되는 것이다.

동조성, 권위에의 복종, 고정관념이나 칭찬과 경쟁, 제한된 선택이 창의성의 저해 요인이 된다는 것도 생각하자. 자녀들이 휴식을 취할 때 새로운 아이디어가 창출됨을 생각하고 가끔 편히 쉴 수 있는 휴식 환경을 만들어주자.

자녀들의 창의적 사고력을 알아보는 다음과 같은 문제를 제시하고 생각해보게 하는 것도 창의성의 중요함을 자녀들이 느끼게 하는 동기가 될 수도 있을 것이다.

첫째, 확산적 사고로 풀어야 하는 문제를 제시한다.

① 다음 원의 내부를 가능한 한 빠른 시간에 빗금으로 채우라.

② 다음 9개의 점과 원을 최소의 직선으로 이어보라(직선은 반드시 이어져야 한다).

③ 콜라 한 병에 1000원인데 빈 병 2개를 반환하면 콜라 한 병을 주는 상점이 있다. 5000원을 갖고 가서 콜라 몇 병을 사먹을 수 있는지 생각해보자.

둘째, 역사고 문제이다.

④ 9리터 비커와 4리터 비커가 있다. 두 비커를 사용하여 9리터 비커에 6리터의 물을 채우라.

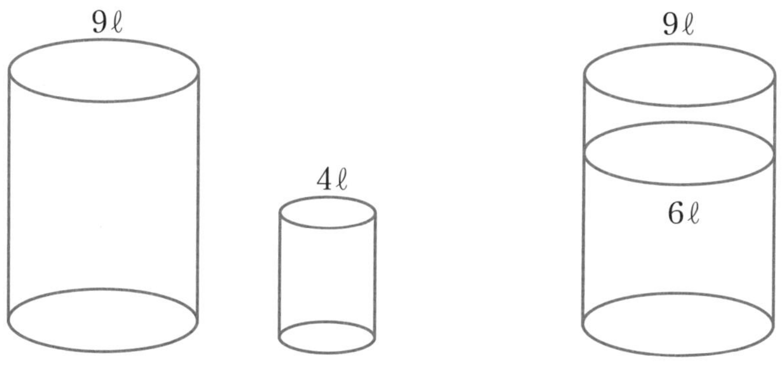

⑤ 2인승 밴을 타고 가다가 비를 맞고 서 있는 세 사람 앞에 멈췄다. 한 사람은 자기를 수술해준 생명의 은인인 의사이고 한 사람은 몸이 아파 병원에 가야 할 할머니, 나머지 한 사람은 자기가 꼭 만나고 싶었던 짝사랑했던 여인인 경우 최선의 방법은 무엇일까?

셋째, 통찰과 직관적 사고 문제이다.

⑥ 시속 3킬로미터로 흐르는 강물을 시속 2킬로미터로 거슬러 올라
가는 배가 있다. 30분이 지나서야 모자를 물에 떨어뜨린 사실을
알고 배를 돌려 모자를 건지러 갈 때 몇 분이 걸리는지를 계산해
보라.

⑦ 다음 첫 줄 문제를 푼 다음 나머지 아랫줄의 ( )를 메우라.

1	3	( )	7	( ) ……
1	3	( )		
2	( )	8		
3	3	( )		
4	( )	0		
5	3	( )		
6	3	0		
7	( )	1		

넷째, 통찰과 고차적 사고의 문제이다.

⑧ 학교 건물의 높이를 정확히 알아맞히기

⑨ 만약 일본 사람들이 오대양의 참치를 전부 잡아먹는다면, 아프리
카 사람들은 물 부족으로 전멸한다. 그 이유는?

⑩ 삼각형의 세 내각의 합은 180도가 아니다.

⑪ 정원은 그릴 수 없다.

정답을 생각해보자.

① 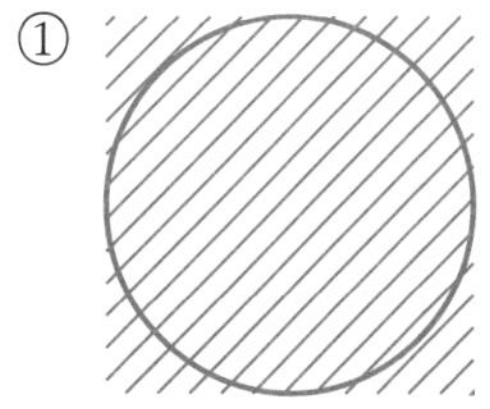

② 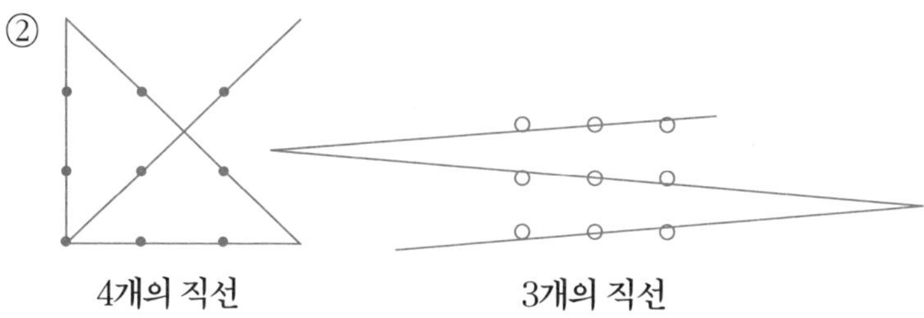

4개의 직선   3개의 직선

③ 9병 먹고 빈 병 1개 → 주인에게 1병 빌려서 먹은 다음 빈 병 2개로 갚는다. 그러므로 정답은 10병이다.

④ 9리터 → 4리터, 4리터 두 번 퍼냄. 빈 4리터 비커에 남은 물 1리터를 부은 다음 다시 9리터 비커에 물을 채워 1리터가 들어 있는 4리터 비커(3리터 공간)에 부으면 6리터가 남는다.

⑤ 자동차 키를 의사에게 건네주며 할머니를 태우고 가게 한 다음 본인은 여인과 우산을 쓰고 빗길을 간다.

⑥ • 분석적 사고 풀이

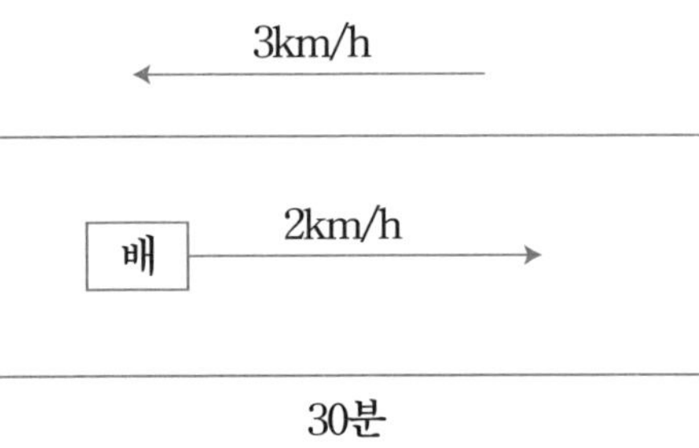

$8t = 1 + 1.5 + 3t$

$8t = 3t + 2.5$

$5t = 2.5$

$t = 0.5$

∴ 30분

• 직관적 사고 풀이

달리는 기차 칸에서 모자를 떨어뜨린 후 30분간 역방향으로
가다가 다시 모자를 주우러 온다면 걸리는 시간은 30분이다.

⑦ 1   3   (5)   7   (9) ……

   1   3   (1)

   2   (2)   8

   3   3   (1)

4　　(3)　　0

5　　3　　(1)

6　　3　　0

7　　(3)　　1

통찰에 의해 달력의 일수를 생각한다.

⑧ 젓가락을 세워놓고 그림자가 젓가락 길이와 같을 때 건물의 그림자 길이를 잰다. 행정실에 가서 건물의 높이가 얼마인지를 물어본다.

⑨ 일본 어부 때문에 아프리카 어부는 참치 잡이를 포기하고 목축을 하게 된다. 소, 양을 많이 기르게 되면 목초가 사라져 땅이 황폐화, 사막화되고 소, 양들이 물을 많이 먹어버려 물 부족 현상이 나타나 결국 아프리카인들은 죽고 만다.

⑩ 2차원 공간에서는 180도이다. 3차원 공간에서는 180도라 할 수 없다.

⑪ 컴퍼스, 컴퓨터로 정원을 그린다 해도 확대해 보면 선이 이어지지 않아 정원이 될 수가 없다.

앞에 제시한 창의성 문제를 자녀들에게 풀어보게 하고 부모와 같이 그 정답을 생각해보는 기회를 가져보자. 문제가 분석적 사고에 의해 안 풀릴 때는 잠깐 두뇌를 쉬게 하자. 언어적, 이성적, 분석적, 논리적으로 생각하는 좌뇌에 의해 풀리지 않던 문제도 감성적, 예술적, 공간적, 비언어적 사고를 하는 우뇌의 도움을 얻을 때 풀릴 수 있는 것이다. 이 같은 우뇌의 활동은 우리의 뇌가 쉴 때 더욱 활발해짐을 생각하자.

자녀들이 과도한 학습 부담에 시들어가게 해서는 안 된다. 피곤하면 쉬게 하자. 자녀에게서 내일의 성공이라는 미끼를 물게 하기 위해 지금의 휴식을 빼앗지 말자. 휴식은 내일의 성공과 성취의 원동력임을 생각하자. 잘 놀고 휴식도 취하면서 살아가는 자가 행복한 삶의 주인이 됨을 생각하자.

공부에 대한 외적 동기보다는 스스로 공부해야겠다는 내적 동기가 중요함을 생각하자. 자녀들이 컴퓨터 게임을 좋아하는 이유는 게임에는 자율성이 있기 때문인 것이다. 누구의 지시도 받지 않고 자기 스스로 결정할 수 있기에 그들은 게임을 좋아하는 것이다.

중학교 때까지 공부를 하지 않던 자녀가, 고등학교 1학년 때까지 공부를 않고 놀기만 하고 말썽만 부리던 자녀가 갑자기 마음을 잡고 열심히 공부하여 학력이 급상승하는 예는 많이 있다.

열악한 가정환경에서 자란 아이가 성공하는 사례를 보면 거기엔 그 아이를 믿고 사랑으로 길러준 사람이 반드시 한 명은 있는 것이다. 부모가 없는 가정, 편부모슬하의 가정, 정신질환 부모 밑에서 자란 아이 중 크게 성공한 자를 보면 주위에 조부모나 가까운 친척 또는 그를 사랑으로 감싸준 누군가가 반드시 존재했음을 알 수 있다.

부모는 자녀에게 열심히 공부할 수 있는 학습 환경을 만들어 공부는 즐거운 것, 노력은 할 만한 일이라는 생각을 갖도록 하자.

제2부

나를 따르라

힘이 센 자는 힘이 약한 자에게, 부자는 가난한 자에게, 권력을 가진 자는 일반 시민에게, 학력이 높은 자는 학력이 낮은 자에게, 국력이 강한 국가는 국력이 약한 국가에게 '나를 따르라', '내 말을 들어라' 는 메시지를 던지는 것이 상례이다.

단어를 외우게 하고 제시된 단어를 외우지 못하면 전기 충격을 주는, 인간의 복종에 대한 실험이 있다. 실험실에 한 사람(A)은 전기의자에 앉아 있고, 한 사람(B)은 그 옆에 전기 스위치를 들고 있고, 나머지 한 사람(C)은 명령을 하는 위치에 앉아 있다. C가 B에게 전기 스위치를 누르라는 명령을 하면 B는 C의 명령에 따라 스위치를 누르고 그 결과 A는 전기 충격에 소리를 지르며 괴로워한다. 이때 전기 충격은 약한 수준에서 점점 강하게 전해지고 그에 따라 A는 점점 더 큰 고통을 호소한다. B는 A의 심각한 고통을 보면서도 C의 명령에 따라 전기 자극을 점점 더 강하게 함으로써 A는 기절까지 하는 상황에 이른다. 사실은 A와 C는 약속이 돼 있고 전원은 꺼져 있는 상태여서 A는 고통스러움을 연기하고 있는 실험이다.

이 같은 실험을 여러 사람을 바꿔가면서 실시한 결과 A의 심각한 고통을 보면서 "나는 전기 자극을 줄 수 없다"고 항의를 하는 사람은 극히 드물었고 거의 모든 사람이 C의 명령에 복종했다고 한다. B가 C의 명령에 복종하는 이유는 C에게 모든 책임이 있고 C의 명령에 내가 따르는 것이 당연하고 A는 잘못했으니 당연히 고통을 감수해야 한다는 생각을 하기 때문이다. 인간은 강한 자의 명령에 반항하지 않고 복종하는 본성을 갖고 있음을 보여주는 실험이다.

직장이나 학교, 가정에서도 지도자나 상급자, 부모의 명령에 불복하고 항변하는 자는 그리 많지 않다. 젊어서는 가끔 상급자의 명령에 토를 달고 충언을 하다가도 나이가 들면 그냥 명령에 복종하며 살아가는 것이 예사이다. "엄마만큼 너를 아는 사람은 이 세상에 없다. 너는 엄마 말만 들으면 돼." 이 같은 말로 자녀를 지도하는 어머니가 대부분이다. 정원의 식물은 내가 원하는 대로 보살피면 죽는다는 것을 자녀들 교육에서 생각해야 한다. 국화를 기르려면 자신이 국화가 되어야 하고, 물고기를 낚으려면 물고기같이 생각할 수 있어야 한다. 자녀는 정원의 식물과 같아 부모의 생각대로 기르다가는 실패할 가능성이 높다. 자녀를 잘 기르기 위해서는 부모가 자녀를 얼마나 아는지, 부모 생각이 어느 수준인지를 생각해봐야 한다.

　視而不見 聽而不聞이라는 말이 있다.

　　위의 그림을 보고 자녀들에게 어떤 이야기를 들려줄 것인지를 생각해보자. 미술에 조예가 깊어 모나리자나 비너스상 그리고 나폴레옹 대관식에 대해 많이 알고 있는 부모가 있는가 하면 어디서 본 그림이고 조각이라는 정도로 알고 있는 부모도 있을 것이다. 레오나르도 다빈치의 세기의 명작 〈모나리자〉의 주인공은 누구이며, 그림의 특징과 이 그림이 세계적으로 최고의 걸작이 된 역사적 사실은 무엇이며, 황금비

로 유명한 밀로의 비너스상은 왜 팔이 잘렸는지를, 나폴레옹 대관식이 열리는 곳은? 이 그림은 누가 그렸고 교황이 왕관을 씌워주지 않고 나폴레옹 뒤편에 있는 이유는? 등 많은 이야기를 할 수 있는 부모와 그렇지 못한 부모가 있을 것이다. 인간은 배운 만큼 기억하나 또 세월이 흐르면 기억은 사라지게 되어 있기에 과거에는 알았으나 지금은 기억이 나지 않을 수도 있다. 그러나 인간은 자기 수준에서 보고 듣기 때문에 봐도 보이지 않고 들어도 들리지 않는 삶을 살아간다. 부모가 '나를 따르라' 면서 자녀를 교육한다는 데는 많은 문제가 있음을 생각하자.

얼마 전 아들 집에서 한 밤을 보내고 아침이 되었는데 갑자기 "할아버지 가신다"는 아들 녀석의 목소리가 들려왔다. 그 순간 갑자기 손자 손녀가 나에게 달려와 "할아버지 지금 가서요?"라는 것이다. 애들이 아침에 일어나지 않아 아들 녀석이 "할아버지 가신다"고 소리를 치고 애들은 그 소리에 벌떡 일어난 것이다. 나는 가만히 생각했다. 이런 경우 어떻게 할 것인가? 애들에게는 거짓말을 해서는 안 된다는 생각에 나는 아침밥도 먹지 못하고 애들의 배웅을 받으며 아들 집을 빠져나온 적이 있다.

도덕성을 기르는 데는 '나를 따르라' 가 적용되나, 공부하는 데는 '같이 가자', '함께 가자', '홀로 가라' 를 외쳐야 한다. 이제 자녀가 공부하는 데 부모의 '나를 따르라' 가 어떤 함정을 갖고 있는지, 그리고 그 함정을 빠져나가는 방법은 무엇인지를 살펴보자.

01

자존감

자존감이란 '자기를 사랑하는 마음', '자중하여 자기의 품위를 높게 지킴'의 의미를 갖고 있다. 자녀에게 자존감을 길러주는 것은 중요한 교육 활동이다. 부모가 '나를 따르라', '너는 내가 하라는 대로 하라'고 하면서 부모의 완벽함을 보이게 되면 자녀들의 자존감은 어떻게 될까?

자녀가 물어보는 것을 전부 답해주고, 칭찬하기를 좋아하고, 옳고 그름을 판별해주면서 자녀의 실수를 인정치 않는 완벽주의 부모는 자녀들의 자존감에 손상을 입히는 부모임을 생각하자. 자녀들이 생각할 때 엄마 아빠는 모르는 것이 없으며, 내가 못하는 것, 해결치 못하는 문제를 척척 답해주는 분이라는 생각을 깊게 함으로써, 나는 부족한 자, 나약한 자라는 자존감 상실증을 갖게 된다. 'You are OK, I am not OK'라는 생각이 어려서부터 성격화 된다면 이것은 부모의 완벽주의 때문이라 생각하고 자녀들의 자존감을 기르기 위한 지도 방법을 생각해봐야 할 것이다.

이런 일화가 있다.

어느 날 국왕이 민정 시찰을 나갔는데 국왕의 가마 앞을 가마를 탄 사람이 가로막는 것이다. "나는 이 나라 왕인데 너는 누구인가?"라고 하자 "나도 왕이다. 길을 비켜라"고 하는 것이다. "너는 도대체 어느 나라 왕이냐?"고 묻자 "나는 내 나라 왕이다"라고 답했다고 한다.

세계 인구 70억, 우리나라 인구 5천 만 중 똑같은 사람은 하나도 없다. 한 사람 한 사람이 서로 다른 특성을 갖고 있고 또 각자 자기 자신을 자기 마음대로 다스리는 것이다. 우리는 상상으로 하늘을 날 수 있고 상상으로 대통령이 되어 국무회의를 주관할 수도 있는 것이다.

요즈음 성형수술이 유행하고 있다. 남에게 예쁘게 보이려는 것은 인간의 본성이나 그 예쁘다는 기준은 존재할까? '예쁘다, 밉상이다'의 기준은 인간의 생각이 만들어낸 허상이지 그 기준은 있을 수 없는 것이다. 자신이 거울을 보면서 미남, 미녀라고 생각하는 사람은 몇이나 될까? 몇 년 전에 Dove사가 세계 10개국 여성을 대상으로 자신이 예쁜가라는 설문 조사를 한 적이 있었다. 그 질문에 2퍼센트의 여성만이 "나는 아름답다"고 답을 했다는 것을 신문에서 읽은 적이 있다. 돈을 모으면 모을수록 더 모으고 싶듯이 얼굴도 성형으로 고치면 또 부족한 점이 보이고 또 고치기를 계속하다보면 만족감과 행복감은 사라지고 만다. 부모님께서 주신 현재의 모습에 만족하는 사람이 자존감 있는 사람이라 할 수 있다. 몸짱, 얼굴짱보다는 마음짱이 되는 것이 인생을 행복하게 살아가는 길임을 생각하자. 인간은 누구나 자기 나름의 특성을 갖고 있음을 자녀에게 가르쳐야 한다. 그리고 기회가 있으면 부모가 가끔은 'I am not OK, you are OK' 라는 메시지를 던져주어야 한다.

봄철에 야생화 농장에 가는 경우 자녀들은 호기심에 이 꽃 저 꽃의 이름을 물어본다. 대부분의 부모는 자녀의 질문에 답을 하지 못하면 자녀에게 부모의 부족함을 보이는 것으로 생각한다. 자녀의 질문에 즉답보다는 가능하면 자녀가 스스로 그 답을 알아낼 수 있는 기회를 주도록 하자. 자녀가 꽃 이름을 물어올 때 엄마가 잘 알고 있는 꽃일지라도 "엄마가 옛날에는 꽃 이름을 알았는데 지금은 생각이 나지 않는구나. 꽃 모양, 특징을 잘 살펴보자. 그리고 집에 가서 식물도감이나 인터넷을 통해 찾아보자" 라고 하고 집에 돌아와 자녀가 스스로 그 꽃을 찾아 꽃 이름과 특징을 이야기하게 함으로써 자기 주도적 학습을 통한 자존감을 기르는 기회를 만들어주자.

오늘날 핵가족 제도에서 형제자매 간의 만남이 없는 아이들은 부모의 무조건적인 사랑과 배려만 받는 아이로 자라 자존감이 사라지고 있다. 엄마 아빠의 무조건적인 사랑은 노출 불안과 유아적 의존심, 낮은 배려심, 모방적 삶을 살게 하는 요인으로 작용함을 생각해야 한다. 자존감이 낮은 아이는 'I can't do it, I am not OK, You are OK' 라는 자

기 비하의 사고를 갖게 되는 것이다. 자존감이 높은 자녀는 상대방의
인격을 존중하고 타인의 장점을 찾으며 칭찬에는 큰 관심을 보이지 않
고 배려심이 높은 자이다. 이제 자녀에게 ‘You can do it(너는 잘할 수
있어). I believe you(나는 너를 믿어)’ 의 메시지를 보내 그들 스스로
자기 자신을 사랑하고 자신감을 갖고 상생의 정신으로 가치 있는 삶을
살아가도록 하자.

　부모의 ‘나를 따르라’ 는 의미 속에는 반드시 교육적인 가치가 포함
되어야 한다. ‘나를 따르라’ 보다는 ‘함께 가자’, ‘혼자 가라’ 는 부모의
외침이 있었으면 한다. 완벽주의 부모 밑에서 자란 아이는 자존감, 책
임감, 창의성, 독립심, 결단력, 문제 해결력은 낮아지고 의존심과 모방
성만 높아진다는 것을 생각하자. 그들은 남의 도움을 받으려 하고 남
의 주목을 받고 싶고, 친절한 대접을 바라고, 사랑 받기를 원하며 남보
다 특별한 대우 받기, 남의 어려움을 모르는 사람으로 자라게 된다. 그
들은 자신의 길이 아닌 남의 길, 타인의 라이프스타일로 인생을 살아
가고 자신감 없는 삶을 살아가기 때문에 배려심도 베풀 수 없는 자로
성장하게 되는 것이다. 자녀들의 자존감을 길러주기 위해서는 완벽주
의 부모에서 최적주의 부모로의 변화가 요구된다. 자녀들이 ‘I can do
it’ 을 외칠 수 있는 강인한 의지의 소유자가 되도록 기르는 최적주의의
부모가 되자. 부모가 ‘I can do it’ 을 강조하면 할수록 자녀들의 자존감
은 낮아짐을 생각하자.

그러나 부모가 자녀의 자존감을 기른다고 'I can't do it' 만 보이는 것은 잘못된 일이다. 부모는 자녀의 자랑스런, 존경하는 존재임을 보여주는 것도 중요한 것이다. 엄마, 아빠의 장점을 보여주되 자녀의 자존감에 상처를 주는 완벽주의 부모는 되지 말아야 한다.

테레사 수녀는 "내가 행복했기에 봉사하는 삶이 가능했다"는 말을 했다. 자존감이 있는 자, 행복감을 느끼는 자가 남을 돕고, 남을 배려하는 마음을 가질 수 있다. 자신을 스스로 사랑하지 못하는 사람은 남도 사랑할 수 없는 것이다. 나를 사랑하고 나에게 선물하는 자존감 있는 자로 자녀를 기르자.

정보 집착증

삶의 문제를 푸는 데는 정답, 오답, 우리 답, 네 답, 내 답이 있는데, 내 답만이 옳다고 끝까지 주장하면서 살아가는 사람이 많이 있다. 내 답이 옳으니 '너는 나를 따르라' 면서 자녀를 가르치는 부모는 아닌지, 당신은 자녀에게 이 말을 자신 있게 할 수 있는 자질을 갖춘 부모인지를 생각해보자.

조선이 망한 이유를 쇄국 정책, 관료 부패, 국론 분열로 이야기한다.

부모의 고착된 사고에 의한 교육 방법, 엄마 아빠 간의 교육 방법에 대한 갈등 현상이 오늘날 가정교육의 문제를 낳고 있다. 지식과 경험, 정보를 많이 갖고 있으며 머리가 좋은 사람은 선입견, 편견, 고정관념, 정보 집착증 때문에 과거는 잘 분석하지만 미래는 보지 못한다. 가정에서 정보 집착증을 가진 부모가 자녀에게 '너는 내가 하라는 대로 하라' 면서 부모를 따르라고 한다면 그 결과는 어떻게 될까?

시대의 변화와 소비자의 욕구를 모르고, 자기가 현재 알고 있는 지식과 경험을 바탕으로 기업을 경영한다면 그 기업의 미래는 어떻게 될까? 가정에서도 교육의 흐름, 시대의 변화를 알지 못하고 현재 부모가 알고 있는 정보와 지식으로 자녀를 교육한다면 그 결과는 어떻게 될 것인가를 생각해보자.

인간은 자기의 생각과 행동이 비합리적이고 잘못되었음을 알면서도 그것을 고치지 못하고 살아가는 경우가 허다하다. 자기의 잘못을 알면서도 고치지 못하는데 하물며 모르는 경우는 어떡할까? 세상에서 가장 바보스런 사람은 자기가 모른다는 것을 모르고 사는 사람이다.

세상은 급변하고 그에 따라 교육관, 가치관, 직업관, 인생관도 바뀌는 시대를 우리는 살아가고 있다. 인터넷상의 정보는 3개월마다 2배 증가하여 10년이면 1억 2,500만 배의 정보가 늘어난다고 한다. 이런 상황에서 부모가 지금 갖고 있는 정보만을 고집하면서 자녀를 교육한다면 어떤 결과를 가져올까?

以管窺天(대통을 통해 하늘을 엿보다), 井中之蛙(우물 안의 개구리)라는 말이 있다. 카메라 렌즈는 넓게 보는 광각 렌즈, 보통의 시야로 보는 표준 렌즈, 그리고 먼 곳을 크게 확대해 보는 망원 렌즈로 나뉜다. 부모가 자녀를 교육할 때 한 가지 렌즈로 보면서 그게 가장 잘 보인다는 생각을 한다면 어떻게 될까?

주민등록증이나 여권에 있는 자기 얼굴 사진을 보면서 참 예쁘게 잘 나왔다고 생각하는 사람은 드물다고 한다. 대부분 사람들은 그 사진을 잘못 나온 것으로 인식하는데, 그 이유는 자기 얼굴 사진이 매일 들여다보는 거울 속의 자기 얼굴과 좌우가 바뀌어 있기 때문인 것이다. 이를 두고 거울 이미지 함정이라 한다.

자신의 목소리, 노랫소리를 녹음하여 들으면 자신의 목소리가 아닌 것 같은 느낌을 갖는다. 다른 사람들은 라디오에서 나오는 목소리를 듣고 나의 목소리와 똑같다고 하지만 나는 많이 다름을 느낀다. 자신이 매일 이야기하면서 듣는 목소리는 가끔 기계를 통해 나오는 목소리보다 자주 들어 귀에 익기 때문이다.

고정관념이 판단에 미치는 영향을 알아보는 실험이 있다. 어느 대학에서 각 강의실을 돌아다니면서 한 분의 교수를 소개하는 실험이다. A 강의실에 가서는 이 학생은 여러분과 함께 공부하러 온 전입생이다, B 강의실에 가서는 이 분은 여러분을 지도할 시간강사이다, C 강의실에 가서는 전임강사, D 강의실에 가서는 부교수, E 강의실에 가서는 주임교수라 소개한 다음 그 사람의 신장이 어느 정도였는지 상상으로 써내게 했다. 동일한 사람인데도 주임교수, 부교수라 소개한 강의실 학생들이 동료, 시간강사라 소개한 강의실 학생들보다 신장을 더 크게 기록했다는 것이다. 이 실험은 고정관념뿐만 아니라 권위와도 관계되는 실험인 것이다.

정보 집착증, 고정관념 때문에 실패한 사례도 많이 있다. 아날로그

필름만 고집한 코닥회사의 사장, 독일이 핵폭탄을 만들고 있다는 생각에 루즈벨트 대통령에게 핵 개발을 주장한 아인슈타인, 직류 전기만을 끝까지 고집하여 교류 전기의 발명을 조수의 것으로 만든 에디슨, 핵무기 보유국으로 생각하고 이라크를 침공한 미국. 이런 사례는 정보 집착증뿐만 아니라 착각에 의한 잘못을 야기한 사실로 생각할 수도 있다.

부모는 먼저 정보 집착증, 자기 거울 이미지의 함정에서 벗어나기 위한 노력을 해야 한다. 자기 생각만이 옳다는 고정관념을 깨고 세상을 터널뷰(tunnel view)가 아닌 필드뷰(field view)로 보는 눈을 갖는 것이 중요하다.

물리학에서의 관성의 법칙과 같은 경로 의존성은 부모의 잘못된 지도로 이어져 자녀교육에 큰 문제를 가져올 수 있음을 생각하고 부모는 정보 집착증에서 벗어나기 위한 노력을 해야 한다.

정보 집착증, 사고의 함정, 자기 거울 이미지 함정에서 벗어나기 위해서는 자기만이 갖고 있는 Hidden area와 자기가 알지 못하는 Blind area를 줄이는 노력을 기울여야 한다. 감춘 것이 많은 사람은 정보 독점과 정보 통제에 의한 정보 집착증에 빠지기 쉽다. 정보 집착증에 빠지면 자기가 하는 모든 일이 최선의 길이고 자기만큼 잘하는 사람이 없다는 자기 교만에 빠지게 되어 누구의 이야기에도 귀 기울이지 않게 되는 것이다. 다른 사람의 말이나 행동을 자신의 가치나 행동에 대한 공격으로 해석하고 공격적 반응을 보이기도 한다.

정보 집착증에서 벗어나기 위해서는 마음을 열고 다른 사람의 이야기에 귀를 기울여야 한다. 조직의 리더들도 조직을 성공으로 이끌어가기 위해서는 遠交近警(먼 곳의 사람을 가까이 하고 가까이 있는 사람을 경계해야 한다)을 생활화해야 한다. 특히 모르는 나의 영역(Blind area)을 알기 위해 노력하지 않으면 자기의 부족한 점, 약점을 알지 못해 인생의 성공은 기대할 수 없는 것이다. 인생에 성공한 사람은 강점만을 찾아 행하는 사람이 아니라 자기의 약점을 보강하면서 강점을 추구하는 사람인 것이다. 실패했을 때 다시 일어서는, 약점을 딛고 일어서는 역경지수가 높은 자만이 성공할 수 있음을 생각하자.

자녀를 올바르게 기르기 위해서는 부모 자신이 Open mind를 갖고 다양한 정보를 얻기 위해 노력해야 함을 잊지 말자. 교육 방법은 일정하지 않고 계속 변하기에 부모는 그 변화를, 정보를 얻기 위한 평생 학습자가 되어야 한다. 잘못된 정보로 무장된 부모의 교육 방법은 자녀교육에 치명적인 결과를 가져올 것임을 생각하자.

03

실패의 경험

'**나를 따르라**'를 외치는 부모는 자녀의 실패를 인정하지 않는다. 내가 하라는 대로만 하면 모든 것을 잘할 수 있다는 착각 때문이다. 그러나 자녀들이 스스로 문제를 해결하는 홀로서기를 배우기 위해서는 실패를 경험해야 한다.

학교 교실 수업을 살펴보면 대부분 정답 지향적인 교수-학습 활동이 진행되고 있다. 교사의 발문에 대하여 반드시 정답을 해야 하고, 평가 문항에도 정답을 해야만 교사나 부모로부터 칭찬을 받고 친구들로부터도 인정을 받는다. 그러나 앞으로 학생들이 살아갈 사회는 정답과 성공만이 있는 곳이 아니다. 삶에는 오답과 정답이 섞여 있고, 성공보다는 더 많은 실패가 기다리고 있다. 에디슨이 1만 번의 실험 후에 축전기를 발명했을 때 친구가 "너는 하지 않아야 될 1만 번의 실험을 했다"라고 하자 에디슨은 "맞아. 나는 안 해도 될 1만 번의 실험을 했다.

그러나 나는 그 과정을 통하여 1만 가지의 다른 방법을 발견했다"고 답했다고 한다.

"제가 오늘 이 물건을 몇 개 팔았는지 아십니까? 한 개도 못 팔았습니다. 하지만 저에게는 희망이 있습니다. 저에겐 다음 칸이 있으니까요." 지하철에서 물건을 팔고 있는 어느 장애인의 이야기다. 인간은 살아가면서 실패를 겪는다. 그러나 그 실패를 어떻게 생각하고 극복해 나가느냐가 중요한 것이다.

학교교육 활동에서 좋은 성적만을 얻은 학생이 사회에 나와 실패를 맛보게 되는 경우, 오답의 경험도 맛보면서 생활한 학생보다 좌절감이 더 크고 재도전에의 용기가 부족하여 정신 질환을 앓기까지 하는 사례를 가끔 볼 수 있다. 학교 수업에서 학생들이 오답의 경험도 갖게 하는 것은 그들이 그 오답을 통하여 정답에 이르는 다른 방법을 발견할 수도 있기 때문에 오답과 실패의 경험도 즐길 수 있는 교육이 필요한 것이다.

자녀가 어떤 실수를 저질렀을 때 다시는 똑같은 실수를 하지 못하게 해야 한다. 한 번 실수는 성공의 디딤돌이지만 계속되는 실수는 걸림돌이 되는 것이다. 학습에 있어서 성공은 성공 기대를 낳고 성공 기대는 다시 성공을 낳아 학습자에게 긍정적 자아개념을 갖게 하는 데 반하여, 잦은 실패의 경험은 실패 기대를 낳고 실패 기대는 다시 실패를 낳아 부정적 자아개념을 갖게 한다. 실수를 반복하게 되면 '나는 할 수 없다'는 부정적 생각을 갖게 되어 자존감이 약한 자녀로 성장하게 된다. 그러므로 오답의 경험이 자칫 부정적 자아개념으로 이어지지 않도록 하는 교육적인 배려가 요구되는 것이다.

세상을 변화시킨 발명과 발견은 실패의 연속 끝에 이루어졌다. 1957년 구소련의 스푸트니크 1호의 발사로 우주 경쟁이 시작된 이후 미국은 첫 번째 우주선인 파이오니아호의 폭발, 최초의 여자 우주인을 태운 우주 왕복선 챌린저호의 폭발 등 실패를 거듭하면서 오늘의 우주 항공 시대를 열었다. 우리나라가 쏘아올린 '나라호'는 두 번 실패를 했다. 실패가 두려워 계속 도전하지 않았다면 세번째 발사의 성공을 거두지 못하고 우리나라는 영원히 우주 개발을 못하게 되었을 것이다.

오늘날 우리가 풍요로운 삶을 살 수 있는 것도 수많은 사람들이 실패를 딛고 이룩한 업적이 있었기에 가능함을 생각해볼 때, 자녀들의 가정이나 학교교육에서의 실패는 오히려 성공으로 가는 더 좋은 길을 찾아내는 기회가 될 수 있으므로 실패의 과정도 즐기게 하는 교육적 지도가 요구된다.

나비 번데기가 허물을 벗고 나오려 몸부림칠 때 가위로 허물을 잘라 쉽게 나오게 하면 그 나비는 영원히 날지 못한다는 '번데기 효과' 이야기가 있다. 번데기의 허물을 벗기 위한 몸부림이 날아오를 수 있는 원동력이 됨을 생각하자. '나를 따르라'는 완벽주의 부모 슬하에서 자란 어린이는 유아적 의존성을 벗어나지 못해 결단력이 약하고 독립심이 없으며 무엇이든지 남에게 의존하는 성격을 갖게 됨을 생각하자.

	← 자녀의 참여도 →	
↑ 부모의 관심 ↓	집중양육	이상적 양육
	무기력 양육	자연양육

〈가정의 양육 유형〉

　　부모의 양육 유형을 살펴보면 부모의 관심도가 높고 자녀의 참여도
가 낮은 경우 집중 양육(nurture), 부모의 관심도가 높고 자녀의 참여도
도 높으면 이상적 양육, 부모의 관심도는 낮으나 자녀의 참여도가 높
으면 자연 양육(nature), 부모의 관심도가 낮고 자녀의 참여도도 낮으면
무기력 양육으로 구분해볼 수가 있다.

　　자녀의 참여도나 관심도가 낮은 경우 부모는 더욱 통제 교육으로 집
중 양육을 하게 되고, 자녀의 참여도가 높은 경우는 그들에게 자율성
을 부여하는 자연 양육을 하는 최적주의 부모로 변하게 된다. 그러나
자연 양육을 하는 최적주의 부모는 자녀들의 자율에 대해 관심을 기울

여야 한다.

미국 MIT 공대에서 자율에 관한 실험 연구를 한 적이 있다. A 집단에게는 리포트를 3회에 나누어 제출하되 제출일을 각자가 결정케 했고, B 집단에게는 리포트를 3회에 나누어 제출하되 그 각각의 제출일을 교수가 지정해줬고, C 집단에게는 학기가 끝나는 날 한꺼번에 제출토록 했다. 그 결과 C 집단이 리포트 제출 성적이 제일 나빴고, 다음이 A 집단, 그리고 B 집단이 제일 우수했다. 대학생들에게도 자율을 주었을 때보다 교수가 교육적인 의도에 의한 지시를 했을 때가 더 효과적임을 볼 때 어린 자녀들은 어떻겠는가? 며칠 전 점심을 먹기 위해 식당에 간 적이 있다. 넓은 식당에 사람이 가득했는데 옆 식탁에서는 부부와 할머니 그리고 어린아이가 식사를 하고 있었다. 식사 도중 일어나서 돌아다니던 어린아이가 기둥에 있는 전기 콘센트를 만지려 하니까 할머니가 가서 아이의 손을 잡아끌고 당기는 일이 몇 번 반복되었고, 나중에는 아이가 식당을 놀이터 삼아 이리저리 뛰어다니는 것이었다. 잘못된 행동은 강력히 못하게 저지시켜야 함에도 손만 끌어당기는 할머니의 행동, 아이가 다른 사람들의 식탁 주위를 헤집고 다니는 데도 주의 한 번 주지 않는 부모, 그리고 할머니까지 아이를 따라다니는 모습을 보며 자율의 의미를 다시 한 번 되새겨보게 되었다.

자녀의 자율성을 기르는 것과 무조건적인 자율의 허용은 다른 의미를 갖고 있다. 자녀에게 어떤 행동이나 태도를 길러줄 것이냐에 따라 자율의 유형도 달리 적용되어야 한다. 자녀의 자율성을 기른다는 미명 하에 식당에서 뛰어다니는 행위, 엘리베이터 안에서 장난치는 행위, 공중목욕탕에서 물장난하는 행위, 수업 중에 책상에 엎드려 잠자는 행위, 교통 신호를 무시하고 길을 건너는 행위 등은 아주 잘못된 것이다. 자율이 방종이 되거나 타인의 삶을 방해하는 것이 되어서는 안 된다. 자율적인 분위기는 허용하되 그 자율이 다른 사람에게 해를 끼친다든지 스스로 책임질 수 없는 행동으로 이어지는 일은 막아야 하고, 방만이나 방종은 과감히 고치도록 하는 교육적 지도가 있어야 한다. 남을 배려할 줄 알고 자기 행동에 책임을 질 수 있는 자율이 진정한 자율이다.

완벽주의 부모는 자녀를 완벽주의자로, 최적주의 부모는 자녀를 최적주의자로 기르게 된다. 완벽주의자는 실패에 대한 두려움 때문에 새로운 도전을 하지 않고, 완벽한 결과가 보이지 않으면 시작을 하지 않는다. 그들은 확실하고 안전한 일만 하기 때문에 평범한 삶을 살게 된다. 또한 완벽주의자는 성공보다는 실패에 더 마음을 쓰며 실패하지 않기 위해 치열하게 경쟁하고 과정을 무시한 채 앞만 보고 달려가는 자이고 목표 달성에 만족을 느끼지 못하고 또 다른 목표를 향해 달려가는, 성취감에 의한 행복을 느끼지 못하는 자이다.

반면 최적주의자는 실패와 현실을 받아들이고 성공에 만족하고 즐기는 자이다. TV를 볼 때 마음에 드는 프로를 고르기 위해 채널을 계속 돌리는 자, 결혼하기 위해 수많은 대상과 선을 보는 사람, 사과를 살 때 이곳저곳 과일 상점을 다 돌아다니는 사람은 완벽주의에 속하는 자이다. 선택의 폭이 넓으면 선택하기 힘들 뿐만 아니라 어렵게 하나를 선택하고 나서도 많은 후회를 하게 되는 것이다. TV 채널을 돌리다 재미있다고 생각되면 그 프로를 시청하고, 30개의 사과 중 1개를 고르는 것보다 6개의 사과 중 1개를 고르는 것, 많은 것보다는 적은 것으로부터 1개를 선택하는 것이 우리에게 만족과 행복감을 더 줄 수 있는 것이다.

선택은 인간의 삶의 질을 높일 수도 있고 낮출 수도 있다. 인간은 선택의 폭이 넓을수록 만족스럽다고 생각하나 실제는 그렇지 않다. TV나 스마트폰, 카메라의 기능이 많을수록 머리가 복잡해짐을 생각하자. 선택의 폭이 삶의 질이나 자유의 폭으로 연결된다고는 볼 수 없는 것이다. 완벽주의자는 선택의 폭을 넓게 갖는 Maximizer이고, 최적주의자는 선택의 폭을 좁게 하여 최선의 선택에 만족하는 Satisficer인 것이다.

성공하는 자는 보이지 않는 시작을, 실패자는 보이는 시작만 하는 자라는 말이 있다. 돌다리도 두들겨보고 가라는 완벽주의보다 돌다리는 빠르게 건너가도 된다는, 두 갈래 길에서 어느 길을 가야 할지 몰라 오도 가도 못하는 것보다는 무조건 한 길을 가보는, 아니면 제3의 길을 가보는, 그러다가 혹 실패를 하는 경우 그럴 수도 있다는, 실패에서 다른 방법을 배우는 최적주의자가 되도록 자녀들을 교육하자.

산을 오를 때 산의 정상을 향해 주위도 살피지 않고 열심히 남보다 먼저 앞서 오르는, 정상을 정복하고도 만족을 느끼지 못하고 또 다시 더 높은 정상을 향해 계속 오르는 완벽주의의 삶보다 주위도 살피고 피곤하면 쉬고 실패도 인정하면서 남들과 함께 오르는 최적주의의 삶을 살게 하자. '나를 따르라', '실수는 있을 수 없다' 의 완벽주의 부모보다는 '함께 하자', '실수도 할 수 있다' 는 최적주의 부모가 되자.

귀속 지위

'개인의 의사나 재능 따위와는 관계없이 인간이 태어나면서부터 자연적으로 갖게 되는 운명적인 지위'를 귀속 지위라고 한다. 귀속 지위에 도덕과 윤리가 더해질 때 귀속 지위는 한층 더 강하게 우리에게 다가온다.

선배, 어른, 상급자, 부모, 선생님이 '나를 따르라'고 하면 무조건 따라야 한다는, 그렇지 않으면 무례하고 예의 없는 사람이라는 생각을 갖고 우리는 살아간다. 물론 가치관의 다원화 시대를 살아가는 신세대들은 기성세대와 많이 다르겠지만 서양인과 달리 우리 동양인, 한국인은 그래도 귀속 지위를 외면하고 살 수는 없는 것 같다.

또한 우리 국민의 특성인 전체주의나 관계주의와 접목되면 귀속 지위를 쉽게 벗어날 수가 없다. 젊은 시절에 사진을 촬영하러 한라산 윗세오름에 오른 적이 있었다. 열 사람이 윗세오름 철쭉밭에서 3미터

앞도 분간키 어려운 안개를 만나게 되었다. 몇 시간을 기다려도 안개는 걷히지 않았고 안개에 젖은 몸은 추워지기 시작했다. 하산을 해야 한다. 그러나 사방이 짙은 안개로 덮여 있어 어느 쪽에 길이 있는지를 분간할 수가 없었다. 열 명의 생각은 각자 달랐다. 누구의 명령을 따를 것인가. 가장 나이가 많고 경험이 풍부한 선배가 리더가 되어 이리저리 가보지만 길은 찾을 수 없고 추위에 기력은 다 빠져버린 것 같았다. "선배님, 제 생각은 이쪽이 옳은 방향인 것 같습니다. 이쪽으로 갑시다", "조용히 해. 네가 뭘 안다고. 내 말대로 해." 선배의 이 말 한마디에 나이 어린 나는 그 이상 주장을 못하고 선배의 지시에 따라야만 했다.

이때 끝까지 나의 주장을 관철했다면 고생을 덜했을지도 모르나 선배라는 귀속 지위 때문에 죽도록 고생을 했다. 몇 년 전 괌 KAL기 추락 사건도 귀속 지위와 관계 지어 이야기되기도 한다. KAL기가 괌 상공을 날 때 악천후로 안개가 짙게 끼어 착륙이 어려운 상황이었다. 이때 부기장이 "기장님, 착륙이 불가능합니다. 회항하지요"라고 말했다. 그러나 기장의 "무슨 소리야. 한두 번 다닌 곳이냐? 시도해보자"라는 말에 부기장은 조용해졌고 결국 KAL기는 추락하고 말았다는 이야기를 어느 책에서 읽은 적이 있다.

잠수함장의 오판으로 배가 침몰될 위기에 놓여 있을 때 부함장이 권총으로 위협하여 함장을 감금하고 그 위기를 모면하는 내용의 서양 영화를 본 적이 있다. 서양인은 상급자나 선배가 잘못 판단하는 경우 강하게 끝까지 자기 의사를 반영하려 노력하나, 우리는 그렇지 못하는 DNA를 갖고 태어났다. 더구나 관계주의와 전체주의의 성격도 갖고 있어 귀속 지위에 더욱 얽매이게 된다.

물고기가 수초 사이를 헤엄치는 어항을 볼 때 서양인은 물고기에 시선을 두나, 동양인은 먼저 수초, 수초에 붙어 있는 달팽이, 물 색깔 등 전체적으로 살핀 다음 물고기를 본다고 한다. 여기 토끼, 고양이, 풀이 적힌 3장의 카드가 있다. 이 중 두 장을 고르라면 어떤 것을 고르겠는가? 가끔 강의를 하면서 이 질문을 던지면 수강생의 약 80~90퍼센트는 토끼와 풀을 고르고 10~20퍼센트만이 토끼와 고양이를 고르는 경험을 했다. 토끼는 풀을 먹고 살기 때문에 토끼와 풀을 고른 사람이 대다수인 것이다. 밥을 먹다 자녀가 밥알을 흘리거나 밥그릇에 남기면 우리나라 부모는 밥알과 부모의 노력, 밥알과 농부의 노력을 관계 지어 설명한다. 그러나 서양인은 토끼와 풀보다는 동물이라는 속성을 생각하며 토끼와 고양이를 고르고, 밥알과 엄마나 농부와의 관계보다는 밥알에 들어 있는 영양소에 대한 이야기를 한다는 것이다. 몸이 아파 병원에 가도 서양 의학은 부분을, 동양 의학은 몸 전체를 관계 지어 치료하는 것을 보면 우리는 전체주의, 관계주의, 귀속주의가 강한 민족인 것 같다.

이 같은 민족성 때문에 '나를 따르라', '내 말을 들어라'에 순종하고 무조건 따르는 자녀로 성장하기가 쉽다. 특히 가정에서 부모의 이같은 명령을 어려서부터 듣고 자란 아이는 성인이 되어서도 어떤 일이든 자기 주도적으로 해낼 수 없어 수동적인 삶을 살게 되고 창의적인 생각을 할 수 없게 된다.

우리나라 가족 구조상 첫째 자녀가 더 부모에 순종하는 경향이 있음도 생각하자.

우리 국민은 누구나 동서 화합을 부르짖는다. 그러나 동창회, 향우회 모임이 있는 한 동서 화합은 불가능하다고 생각한다. 우리 민족의 특성인 전체성, 관계성 때문에 혈연, 지연, 학연을 무시하기가 어려운 일이다. 이 같은 민족성의 문제점을 풀어가는 것이 동서 화합, 남북통일의 날을 앞당기는 길이 될 것이다.

아이들은 미래의 고속도로를 달려야 한다. 엄마나 아빠가 운전석에 앉아 그들을 태우고 달려가는 우를 범하지 말자. 아이가 운전석에 앉고 부모는 조수석에 앉아 그들 스스로 차를 운전케 하자. 운전석에 앉아 스스로 액셀러레이터를 밟지 못하면 무한 경쟁 사회에서 살아남을 수 없다.

부모는 귀속 지위를 앞세워 자녀를 교육치 말고 그들과의 평등한 관계 속에서 교육해야 함을 생각하자. 도덕성을 길러주기 위해서는 귀속 지위가 필요하지만 아이의 공부에는 귀속 지위가 역기능으로 작용할 수도 있음을 생각하자. '나를 따르라' 는 엄마 아빠의 명령이 아닌 '같

이 해보자’, ‘함께 가자’, ‘너는 잘할 수 있어’, ‘혼자 가라’ 를 외치는 부
모가 되자.

05

도덕성

우리는 '정직하게 살아라', '질서를 지켜라', '깨끗하게 살아라', '남의 잘못을 용서하라' 는 등의 이야기를 듣고 자랐다. 서로 돕고 사랑하면서 살아야 한다는 이야기도 귀가 따갑게 듣고 자랐다. 그런데 이를 배운 대로 실천하고 살아가는 사람이 그리 많지 않은 이유는 무엇일까?

배운 대로 실천만 한다면 살기 좋은 세상이 될 텐데 현실은 그렇지 않다. '교육은 인간다운 인간을 기르는 일이다' '인성 교육이 중요하다' 는 학교교육의 외침이, '사랑, 자비' 를 외치는 종교 교육이, '부모에 효도, 형제간의 우애' 를 외치는 가정교육이 구호로만 그치는 것 같은 오늘의 현실을 걱정하지 않는 사람은 없다.

"To be honest all the time" 은 부모나 교사가 문자나 입으로 가르치는 것이 아니라 몸으로 가르쳐야 한다. 오늘날 우리나라 정치 지도자들을 보자. 그들의 외침이 국민들에게 공감을 주지 못하고 사회가, 청소년이 부정과 부패, 폭력에 물들고 있음은 무엇 때문일까? 옛말 중에 '윗물이 맑아야 아랫물도 맑다' 는 말은 오늘날 우리가 깊이 생각해야 할 삶의 진리인 것이다. 정치인이, 사회지도자가, 기업의 CEO가, 교직자가 청렴하고 정직할 때 국민과 청소년은 그들을 존경하게 됨을 생각하자. 엘리베이터를 타면서 이웃 사람에게 인사를 하고, 전철을 탈 때 질서를 지키며, 차를 운전하면서 교통 법규를 지키는 모습을 부모가 먼저 실천할 때 자녀들은 부모의 태도와 행동을 보고 배우며 그것을 실천하게 되는 것이다.

어느 엄마가 아들을 데리고 간디를 찾아가 아들이 당뇨에 걸려 있는데 사탕을 좋아하니 아들에게 단것은 몸에 해롭다는 이야길 해달라는 부탁을 했다. 그 말을 들은 간디는 3주 후에 다시 오라고 했다. 엄마와 아들이 3주 후에 찾아가니 간디는 아들에게 단것을 먹지 말라는 이야기를 했다. 처음 찾아온 날 이야기해도 됐을 것을 3주 후에야 해주는 이유가 궁금해서 물어보는 어머니의 질문에, 간디는 "나도 3주 전에는 단것을 먹고 있었습니다. 내가 단것을 먹으면서 아이에게 단것을 먹지 말라고 할 수는 없었습니다. 나는 그날부터 단것을 먹지 않았고 그랬기에 오늘 아이에게 충고를 할 수 있었던 것입니다" 라고 했다.

도덕성은 솔선수범을 먹고 자라는 인간의 특성이다. 또한 도덕성은 타율과 통제에 의해 이루어지는 특성이기도 하다. 자녀에게 도덕성을 길러주기 위해서는 부모의 모범적 행동을 보면서 따라 행하게 하고 그렇지 못하는 경우에는 통제라는 교육적 방법이 따라야 한다. 도덕성은 처벌을 피하기 위해서, 보상을 받기 위해서, 타인을 기쁘게 하기 위해서, 규칙을 따르기 위해서, 남을 배려키 위해서, 그리고 마지막으로 자아실현을 위해서라는 6단계 과정을 거쳐 길러진다고도 한다.

요즈음 정치가, 기업가들의 부정·부패, 폭력과 자살로 시끄러운 학교교육, 남편과 아내, 부모와 자식 간의 살인으로 얼룩지는 가정 실태, 절도, 강간, 살인으로 메워지는 신문 보도는 도덕 교육의 필요성을 절실하게 한다. '10년 징역을 가더라도 부정으로 10억을 벌겠다'(17.7퍼센트), '어려운 문제는 뇌물을 주고라도 해결하겠다'(20퍼센트), '정직하게 사는 것보다 부자가 되는 게 더 낫다'(22.6퍼센트)에 우리 청소년들이 반응을 보였다는 국제투명성기구의 발표를 보면 우리나라 청소년들의 도덕성에 얼마나 큰 문제가 있는지를 알 수 있다.

도덕성은 건물을 지을 때 가장 기본이 되는 철근과 같은 것이고 학교에서 배우는 학과 공부는 철근 주위에 쌓아올리는 벽돌이라 할 수 있다. 철근이 약하면 그 건물은 쉽게 무너진다. 몇 년 전 모 신문사 프랑스 특파원 딸의 대학 진학에 대한 이야기가 생각난다. 파리에 있는 대학교 미술학과에 지원했는데 실기 평가를 위해 그림을 그려 제출하라고 했다. 실기 평가는 공정해야 하는데 가정에서 그려 보내라는 입시 요강을 보면서 남이 그려준 작품을 제출할 수도 있다는 의구심에 학교를 찾아가 항의를 했다는 것이다. "남이 그려준 그림을 제출한다는 그런 기발한 생각을 어떻게 할 수 있습니까? 한국에서는 남의 그림을 자기가 그린 것처럼 제출합니까?"라는 선생님의 이야기를 듣고 선진국은 우리와 너무 다르다는 것을 알게 되었다는 이야기였다.

엄마 심부름으로 술을 사러 왔을지라도 어린이에게는 술을 팔 수 없다며 끝까지 술을 팔지 않는 미국인의 준법성, 복잡한 버스에서 차장에게 돈을 건네주며 내리는 인도인의 정직성, 하던 일을 멈추고 유스호스텔까지 나를 데려다준 일본인의 친절성, 백화점 화장실을 이용하기 위해 홀 밖에까지 한 줄로 늘어서서 자기 차례를 기다리는 독일인의 질서의식, 출구와 입구에 검색기가 없어도 모든 승객이 자유자재로 지하철을 타고 내리는 오스트리아인의 신뢰성 등, 세계를 여행하면서 느낀 외국인들의 도덕성은 나에게 많은 교훈을 주었다.

나의 동생 딸이 일본 동경에서 회사생활을 하는데 언젠가 나에게 일본인의 도덕성에 대한 다음과 같은 이야기를 했다. 일본인들은 아파트 엘리베이터를 탈 때 안에 다른 사람이 타고 있으면 "죄송합니다"라는 말을 하고 타고 내리면서 "감사합니다"라는 말을 한다는 것이다. 내가 안 탔으면 당신은 더 빨리 내려갈 수 있었을 텐데 나 때문에 늦어지므로 미안하고 다 내려와서는 같이 내려오게 되어 감사하다는 것이다. 아파트 엘리베이터는 당연히 내가 타고 내릴 권리가 있다는 생각으로 타고 내리는 나의 생각, 엘리베이터를 타고 내리면서 이웃끼리 인사도 잘 안 하는 우리의 아파트 문화를 다시금 생각게 하는 이야기였다.

나는 겨울철을 제외하고는 매일 새벽에 집 근처 야산을 오르고, 겨울철에는 공중탕에 가서 헬스를 한다. 산에서, 목욕탕 헬스장에서 만나는 사람끼리 인사를 했으면 좋으련만 매일 만나면서도 모른 척하는 사람들을 보면서 우리는 왜 서로 인사를 않고 사는지를 이해할 수 없다. 나는 산에서나 헬스장, 목욕탕에서 만나는 사람에게 인사를 한다. 한 번 인사를 하게 되면 바로 말이 오고 가 서로 친해지는 사람이 있는가 하면, 몇 번 인사를 해도 다음 만났을 때 모른 척하는 사람도 가끔 있다. 매일 탕 안에서 같이 앉아 있으면서, 산을 오르내리면서 인사를 하지 않는 이유가 무엇인지 알 수가 없다.

도덕성은 때와 장소를 가리지 않고 외부의 자극에 대한 자기 성찰에서 이루어지기 때문에 다양한 경험을 통해 자녀의 도덕성이 길러질 수 있도록 하자. 자녀들은 보고 듣고 느끼면서 배운다. 성인들이, 부모가, 선생님이 모범적 행동을 보일 때 고운 인성은 길러질 것이다. 존경 받지 못하는 부모나 교사의 말은 자녀나 학생들의 마음을 움직일 수 없다. 교사가 담배를 피우면서 금연 교육을 할 수 없고, 근검절약하지 않으면서 근검절약 교육을 할 수 없고, 인사를 하지 않으면서 인사 지도를 할 수 없다. 항시 밝은 모습으로 다가가 미소 짓고 인사하는, 남을 돕고 배려하는, 어른을 공경하고 형제간에 우애하는, 법을 지키고 신뢰를 갖고 약속을 지키는 자녀가 되도록 교육하자.

06

배려심

南을 배려하는 부모의 태도에서 자녀는 배려심을 배운다. 그러나 부모가 일방적으로 베푸는 배려적 환경 속에서만 자란 자녀는 남을 배려할 줄 모르는 자녀로 자란다. 부모는 자녀에게 무조건적 사랑, 희생, 양보, 헌신, 베풂이 담긴 배려만을 줄 것이 아니라 자녀도 부모에게 배려를 베푸는 생활을 하게 해야 한다.

오늘날 젊은이들은 다원화된 가치관과 자기들만의 문화를 갖고 살아가고 있다. 그들은 조직 가치보다 개인 가치를 추구하며 자기중심적, 개인주의적 삶을 살아가기 때문에 서로 돕고 배려하며 살아가는 상생의 정신이 과거에 비해 부족하다.

오늘날 우리나라 전통적 가치가 무너지는 것은 동서양 문화의 충돌에서 기인한다고 생각한다. 포스트모더니즘, 신자유주의, 유비쿼터스 시대, 고령화 시대, 여초 시대, 다문화 시대는 인권을 존중하는 복지사회로의 변화를 요구하고 있다. 도덕적 무관심과 타인에 대한 관심의 부족에서 벗어나 인간적 사회의 실현을 위해 배려할 줄 아는 자녀로 기르는 것은 오늘날 우리 사회의 요구이다.

배려란 '자기가 서려고 하는 곳에 타인도 세워주고, 자기가 도달하려고 하는 곳에 타인도 도달케 하는 것' 이라고 논어에서는 말하고 있다. 배려를 '타인을 지적, 정서적, 신체적으로 편안하게 만드는 행위, 즉 돕는 행위와 도우려는 마음가짐' 으로 정의하나, 나는 역지사지(易地思之)의 의미를 지닌 이해, 사랑, 희생, 양보, 용서, 포용, 베풂, 돌봄의 의미로 생각한다. 배려란 '추울 때 따뜻하게, 더울 때 시원하게 보살피는 행위' 라 간단히 생각할 수도 있는 인간의 삶에 가장 중요한 심리적 특성이다.

배려를 자연적 배려와 윤리적 배려, 교육적 배려와 비교육적 배려, 참 배려와 거짓 배려, 과잉 배려와 적정 배려로 나누어 생각해볼 수 있다. 첫째, 자연적 배려란 부모가 자녀의 요구(want)에 사랑(love)으로 응하는 배려를 말하고, 윤리적 배려란 어른과 자녀 사이의 배려, 즉 의무(duty)와 도덕성(morality)에 관한 배려를 의미한다. 온가족이 밥상에 앉아 밥을 먹을 때 자녀에게 먹고 싶은 것을 어른보다 먼저 먹지 못하게 하는 부모의 지도, 자녀의 입장에서 어른이 먼저 수저를 들지 않으면 기다리는, 맛있는 것도 나만 먹지 않고 다른 사람도 먹을 수 있게 적게 먹고 남겨두는 배려를 생각해보자.

둘째, 교육적 배려와 비교육적 배려란 자녀의 생활에 가치 지향적, 교육적 도움을 주느냐 주지 않느냐를 의미하는 배려이다. 자녀의 기상을 도울 것인가, 스스로 일어나게 할 것인가? 자녀의 과제학습을 도울 것인가, 자기 주도적으로 하도록 할 것인가를 생각해보자.

셋째, 참 배려와 거짓 배려란 배려 속에 진실된 마음이 있냐 없냐의 구분이다. 참 배려란 대가를 바라지 않고 상대방에 베푸는 행위인 것이다. 상사의 자녀를 승용차에 태울 때 안전을 생각하느냐 상사를 의식하느냐를 생각해보자.

넷째, 과잉 배려와 적정 배려란 희생과 헌신(win-lose)이냐 사랑과 베풂(win-win)이냐의 의미를 갖는 배려이다. 사막에서 물 한 컵밖에 없을 때 목말라 죽어가는 동료에게 그 물을 전부 주고 내가 죽을 것인가, 서로 나눠 먹을 것인가를 생각해보자.

인간은 서로 간에 만남이 필요하고 만남에 의해 관계를 맺고 관계 속에 이해하며 살아간다. 오늘날 핵가족 시대에 부모와의 만남은 있으나 형제자매 간의 만남이 없기 때문에 자녀들은 부모의 배려만을 받는 자녀로 자라고 있다. 이 같은 오늘의 가정환경에서 자녀의 배려심을 어떻게 길러줘야 할까?

첫째, '고맙습니다', '감사합니다' 로 답하는 자녀로 기르자. 부모의 배려에 고마움을 표현하는 자녀는 다른 사람이나 친구에게도 배려할 줄 아는 아이로 자라게 되는 것이다. 부모는 자녀의 요구만 들어줄 것이 아니라 가끔 부모가 자녀에게 요구를 하자. 자녀의 능력으로 해낼 수 있는 부모의 요구에 답할 수 있는 자녀로 기르자. 그러나 배려란 상대방이 요구할 때만 보답하는 행위가 아니고 상대의 마음을 읽고 그 어려움을 풀어주는 솔선수범의 정신이 필요함도 가르쳐야 한다. 솔선수범으로 남을 배려할 줄 아는 아이로 기르기 위해서는 자녀에게 자존감을 갖게 해야 한다. 자기를 사랑할 줄 아는 자가 남을 사랑할 수 있고 남을 배려할 수 있는 것이다. 자녀를 자기를 사랑하는 마음, 자기의 존재가치를 인정하는 마음인 자존감 있는 자녀로 기르자.

둘째, 배려심을 자연사랑에서 배우게 하자. 가정에서 동물도 기르고 식물도 길러보는 체험활동은 배려심뿐만 아니라 삶의 의미를 배우는 중요한 계기가 됨을 생각하자. 가정에 수족관, 새장을 만들어 물고기와 새를 기르고 화분도 가꾸는 생활을 하게 하자. 야산에 핀 꽃을 꺾어오는 자는 꽃을 좋아하는 자이고, 꽃을 그대로 놓아두고 다른 사람도 보고 즐기게 하는 자는 꽃을 사랑하는 사람이라고 한다. 꽃을 사랑하고 동물을 사랑하는 마음에서 배려심을 배우는 자녀로 기르자.

셋째, 배려심을 직업의 의미에서도 가르치자. 직업을 생계유지의 수단으로만 생각하는 사람은 배려심이 낮은 자이다. 직업을 돈을 벌기 위해 선택하여 보수만을 바라고 사는 자는 가난한 자에 대한 배려심을 찾기가 힘들 것이다. 직업은 생계유지의 수단, 사회적 역할 분담, 자아실현의 의미를 갖고 있다. 인맥, 상생, 나눔과 같은 사회적 역할 분담이나 자아실현의 의미로 직업을 생각하는 자녀로 기르자.

끝으로 배려심이 인류애로 이어져 글로벌 시대에 상생의 삶을 살아가는 원동력이 되게 하자. 대한민국의 국민으로서 긍지와 자부심을 갖고 세계인을 생각하는 자녀로 기르자.

배려심은 자신을 사랑하는 마음속에, 행복한 삶을 살아가는 자의 마음속에서 우러나오는 인간의 심리적 현상이다. 그러므로 자녀의 배려심을 기르기 위해서는 자녀를 행복하게 길러야 한다. 또한 남을 돕고 남의 고통을 같이 나누는 배려에서 행복함을 느끼는 것임도 가르치자. 행복과 배려는 달걀과 닭의 관계와 같이 떨어질 수 없는 상호작용적 관계를 갖고 있음을 생각하자.

제3부

하고 싶은 일, 즐거운 일을 하라

꿈은
이루어진다

01

해야만 할 일

하고 싶은 일, 즐거운 일, 잘하는 일을 찾아 열심히 노력하는 자는 성공한다고 한다. 하고 싶은 일, 즐거운 일을 하고 자기가 잘하는 일만을 한다고 해서 과연 성공할 수 있을까?

자기가 하고 싶은 일을 즐겁게 한다는 것은 바람직한 일이다. 그러나 자기가 잘한다고 생각하는 일은 본인의 잘하는 능력 수준에 따라 결과가 다를 수 있기 때문에 생각해볼 문제이다. 나는 공차기를 좋아하고 즐긴다. 그리고 공도 잘 찬다. 좋아하고 즐기는 것은 우리의 삶에 긍정적 효과를 가져오지만 '잘한다'는 것이 어느 정도인지가 문제이다. 공을 '잘 찬다'보다는 앞으로 더 잘 찰 수 있는 소질과 가능성을 갖고 있는지가 중요한 것이다.

그런 가능성이 없다면 '해야만 할 일'을 찾아 열심히 노력하는 것도 생각해볼 일이다. '하고 싶은 일'을 직업으로 택하면 행복할지 몰라도, '해야만 할 일'은 직업이 나를 선택하는 것으로 행복하지 않다고 말하는 사람도 있다. 그러나 별로 좋아하지 않는 운동도 계속 하다보면 잘하게 되고, 첫인상이 좋지 않은 사람도 자주 만나보면 좋아지는 것이다. 1889년 프랑스 혁명 100주년을 기념하기 위해 파리에 에펠탑을 세우기로 했을 때 파리 시민들은 결사반대했고, 20년 후에 철거하기로 약속한 후 탑을 지었다. 20년이 지난 후 탑 꼭대기의 송수신 장치 이동 문제 때문에 철거가 연기되다가 지금에 이르렀다. 그렇게도 반대했던 에펠탑이 지금 파리의 명물이 되어 관광 자원이 된 것이다. 이를 '에펠 이펙트'라고 한다.

나는 새벽에 운동과 목욕을 하는 습관이 있다. 그러나 가끔은 아침에 일어나기 싫고 목욕하러 가기 싫을 때가 있다. 월권을 끊었기에 가기 싫어도 돈이 아까워 간다. 그렇게 하기 싫은 운동과 목욕을 하고 나면 기분이 상쾌해지고 하루를 즐겁고 건강하게 보낼 수 있다.

인간은 '하고 싶은 일, 좋아하는 일, 잘하는 일'만을 하면서 살아가고 싶은 욕망을 갖고 있다. 그러나 해야만 할 일이 있기에 법과 규칙, 규범이 있는 것이다. 하고 싶은 일, 좋아하는 일, 잘하는 일은 자율적으로 하게 되지만, 해야만 할 일은 타율과 통제에 의함을 생각하자. 밥상에서 맛있는 음식만 먹지 않기, 동생 때리지 않기, 몸을 씻은 후 탕에 들어가기, 너무나 짧은 스커트를 입거나 장발이나 붉은색 머리를 하고 등교하지 않기 등의 행위는 자율로 학습되는 것이 아니다.

　요즈음 가정교육이 자녀들의 자율, 인권에 너무 치우치다보니 '해야만 할 일'의 중요성이 사라져가고 있다. '해야만 할 일'은 자녀가 하고 싶지 않은 일인 경우가 많다. 자녀가 해야만 할 일을 하지 않을 때는 통제라는 수단을 사용할 수밖에 없고 그 수단은 인권에 위배되는 행위일 수도 있다.

　읽기 싫은 책, 하기 싫은 공부도 부모의 통제와 강요에 의해 하다보면 언젠가는 그 일이 즐거움으로, 잘하는 일로 바뀔 수도 있다. 지금 자녀가 좋아하고 하고 싶은 일을 찾아보고 그 일을 잘할 수 있는지를 탐색해보는 것이 중요하다. 미래 세상의 변화와 직업의 변화를 생각해보고 그에 맞는 '해야만 할 일', '하지 않으면 안 될 일'도 찾아 열심히 노력하는 자녀로 기르자.

02

직업의 변화

평생 직업이 사라지고 있다. 오늘날에는 직업의 생성과 소멸 속도가 빨라짐으로써 한 직업을 갖고 일생을 살아가기가 힘들어지고 있다. 사무직 가운데 90퍼센트는 앞으로 10~15년 사이에 사라지고, 지금의 청소년은 5~7개의 직종에서 일하며 살아야 한다는 미국의 시사 주간지 〈TIME〉에 난 기사를 본 적이 있다. 이는 미국의 예이지만 우리나라도 한 개의 직업으로 일생을 살 수 없음이 현실로 다가오고 있다.

농경사회나 산업사회에서는 대학에서 배운 지식으로 평생을 살 수 있었다. 그러나 인간의 수명이 길어지고 세상이 변하면서 한 가지 전문지식이나 전문 직업으로는 일생을 살아갈 수가 없는 시대가 온 것이다. 앞으로 IT(정보 기술), BT(생명공학 기술), NT(나노 기술), ET(환경공학 기술), ST(우주항공 기술), CT(문화 콘텐츠 기술) 시대가 도래하고, 그에 따라 수많은 직업이 생겨나고 지금 존재하는 많은 직업이 사라질 것이다. 앞으로 두세 가지 적성을 찾아 개발해야 하는 이유 중 하나는 미래 사회의 국력은 창의력에서 나오는데 한 가지 분야에만 능통한 전문인은 세계 경쟁에서 살아남을 창의력을 갖춘 인재가 될 수 없기 때문이다. 우수한 인재, 창의성이 높은 인재는 한 분야에 전문적 소양을 갖추고 다른 분야의 지식과 정보를 흡수, 융합하는 능력의 소유자이어야 한다.

역사상 가장 창의성이 높은 사람으로 우리는 아인슈타인과 레오나르도 다빈치를 들고 있다. 아인슈타인은 "내가 상대성 이론을 발견하게 된 것은 직관의 힘이었다. 그러나 그 직관의 뒤를 받쳐준 것은 음악이었다"라고 했다. 〈모나리자〉, 〈최후의 만찬〉이라는 걸작을 남긴 레오나르도 다빈치는 화가이기에 앞서 볼베어링, 기어 변속 장치, 다이빙 기구, 속사총, 대형 석궁, 수력 작동 펌프, 크레인, 태엽으로 가는 자동차, 카메라 옵스큐라, 낙하산 등을 발명한 과학자였다. 그가 훌륭한 작품을 남기게 된 것은 그의 재능이 예술뿐만 아니라 다방면에 걸쳐 있었던 것과 관련이 깊다. 그림 전공자가 화실에 앉아 오직 그림만 그리고, 글을 쓰는 사람이 서재에 앉아 글만 쓴다면 역작은 나올 수가 없다. 생산적 사고는 내적인 상상과 외적 경험이 합쳐질 때 나타나는 것이다. 자녀들의 재능을 극대화하기 위해서는 전공 이외의 다른 분야의 지식과 정보에도 접할 수 있는, 즉 배경 지식을 갖출 수 있는 각종 체험

학습이 필요하다.

　여러 가지 적성을 찾아 개발하되, 적성을 찾기 힘든 경우에는 적성에 맞지 않는 직업에서도 즐거움을 갖고 일할 수 있는 진로 교육을 해주는 것이 바람직하다. 앞으로는 지속적으로 자신의 능력을 개발할 수 있는 다양한 학과의 선택이 요구될 것이므로 한 가지 전공만을 주장하는 생각은 바꿔야 한다. 부모는 자녀의 적성과 잠재력을 찾아 그것을 계발할 수 있는 진로지도를 하되, 한 가지 직업으로는 미래를 살아갈 수 없음을 생각하고, 적성에 맞지 않는 일도 배워서 즐기며 살아가는 지혜를 가르쳐야 한다.

　두세 가지 적성을 계발해야 하는 두 번째 이유는 정년 단축과 평균 수명의 연장이다. 지금 기업에서 일하는 사람들의 정년 나이가 50대 초반이고 평균 수명이 약 80세라는 점을 생각해보면 정년 후 또 다른 직업을 갖고 살아야 한다는 것은 자명한 일이다. 정년 이전에 직장이 사라지는 경우도 생각해야 한다. 이런 점에 비추어볼 때 앞으로는 두세 가지 전공을 찾는 데 더욱 관심을 기울여야 한다.

　지금도 부모는 의사, 변호사를 선호하면서 자녀교육의 목표를 의대, 법대 진학에 두는 경향이 있다. 앞으로 10년, 20년 앞을 내다보는 지혜가 필요하다. 우리나라가 선진국과의 경쟁에서 이기는 길은 기초 과학 분야에서 우수한 인재를 길러내는 것이다. 우리나라는 평화상 외의 노벨상 수상 실적이 없다. 가까운 일본은 25명의 노벨상 수상자를 배출

했고 그 중 22명이 기초 과학 분야에서 수상했음을 생각하자.

우리나라는 체육 분야에서는 일본을 앞서고 산업 분야는 따라가고 있으나, 기초과학 분야에서는 22 대 0이라는 불명예를 안고 있다. 2016년 우리나라가 국가 경쟁력 26위, 무역 규모 세계 10위라는 괄목할 만한 성장을 했으나, 자동차, 휴대폰, 원전의 핵심 기술은 선진국에 뒤져 있음을 생각해야 한다.

이제 의사나 한의사는 우수한 인재가 하지 않아도 되는 직업이 되고 있다. 진료는 머리가 하는 것이 아니고 최첨단 기계가 하고 수술도 로봇이 하는 시대가 오고 있기 때문이다. 지금 이 글을 읽고 있는 부모 중에는 그래도 '의사'란 직업이 좋지 않으냐고 반문하는 분도 있을 것이다. 그러나 가장 많은 스트레스를 받는 직업이 의사이고 개업을 하여 적자 운영으로 힘들어하는 의사가 점점 늘어나고 있음을 생각해야 한다. 우수한 두뇌를 가진 자는 반복되는 단순 노동에 가장 큰 스트레스를 받는다고 한다. 의사직이 단순 노동직은 아니나 똑같은 일을 반복하는 직업임에는 틀림없다. 의사가 되면 돈을 많이 벌어 행복한 인생이 보장된다는 생각을 갖고 있는 부모가 있다면 자녀의 진로에 대해 다시 생각했으면 한다. 자녀의 적성이, 자녀의 생각이 의술을 익혀 인류에 공헌하고자 하는 절실함을 갖고 있다면 그 자녀는 반드시 의사가 되어야 한다.

그러나 부와 명예를 생각하여 자녀를 의대나 한의대로 진학케 해서는 안 된다. 변호사, 검사, 판사가 되기 위해 법대로 진학케 하는 것도 다시 한 번 생각해볼 일이다. 우리나라 부모는 의사나 검사, 판사라는 직업을 가장 선호하나 우수한 두뇌를 가진 자녀들이 가져야 할 직업은 아님을 생각하자. 직업을 생계유지의 수단으로만 생각하는 직업관에서 벗어나는 부모가 되자. 우리는 6 · 25 이후 극심한 가난 속에서 살아와서인지 직업을 생계유지의 수단으로만 생각하는 경향이 있다. 그 결과 보수만 많이 주는 직종이면 적성에 맞지 않아도 선택하는 잘못된 직업관을 갖게 되었다.

우리나라 중 · 고교 교과서에 판 · 검사나 대통령, 국회의원 같은 직업이 상대적으로 많이 등장하는 것은 자녀들의 직업관을 왜곡시키는 요인이 되고 있고, 청소년들이 희망하는, 선호하는 직업을 조사한 결과 교육, 연구, 법률, 보건 분야에 42.2퍼센트, 사회복지, 문화, 예술, 방송 분야에 22.6퍼센트를 나타내는 것도 관심 있게 생각해볼 일이다.

보수를 많이 받고 일하기 편한 직업을 택한 사람과 보수는 적으나 적성에 맞는 직업을 택한 사람의 20년 후의 성공 여부를 조사한 연구가 있다. 보수가 높고 일이 편한 직장을 택한 사람보다는 처음 보수는 낮고 일은 힘들지만 자기의 적성에 맞는 직업을 택한 사람이 더 크게 성공했다는 것이다.

선진국을 보라. 돈을 많이 벌면 그것을 사회에 돌려주는 미덕을 갖고 있는 사람들이 많이 있다. 그들은 직업을 생계유지의 수단보다는 사회적 역할 분담으로 나아가 자아실현의 수단으로 생각하고 있기 때문이다. 자녀에게 직업의 의미를 가르치자. 그리고 앞으로 2~3개의 직업이 필요함도, 그러기 위해서는 잘하는 일, 하고 싶은 일에 '해야만 할 일'도 하면서 살아야 함을 가르치자.

03

적성 찾기

자녀들의 적성을 찾는 일은 쉽지 않다. 지표면에서 수맥을 찾는 일도 어려운데 인간의 심층에 숨어 있는 적성을 찾아내는 일은 참으로 어려운 일이다. 힘든 일이긴 하나 자녀의 타고난 재능, 잠재력을 찾으려 노력은 해야 한다.

나는 아들 3명을 낳아 길렀다. 딸이 있어야 금메달을 받는다는데 나는 아들만 셋이어서 목메달을 받은 신세다. 아들들을 키워 결혼시키고 교직을 떠나고 난 지금에야 생각해보니 과거의 나의 삶에, 자식 교육에 부족한 점이 너무 많았음을 알게 되었다. 자식 교육, 학생 교육을 좀 더 잘했어야 했는데 그리 못한 이유는 교육에 대해 너무 몰랐기 때문이다. 아이들의 적성을 찾아 교육했어야 했고, 진로 결정에 아이들의 의사를 존중했어야 했는데 그러지 못했음이 가장 후회스러움으로 남는다.

나는 어렸을 때 "너는 커서 의사가 되어야 한다"는 아버님의 말씀을 듣고 자랐다. 그러나 6·25를 만나 아버님이 돌아가셨고 집안이 어려워 의대 진학을 못하고 사범대를 가게 되었다. 아이들을 기르면서 내가 못 이룬 꿈을 그들이 이루어주기를 바라면서 교육했고, 그들의 적성과 의사에 반한 진로지도를 한 결과를 지금 무척 후회하고 있다. 나는 공무원 생활을 하면서 상급자의 일방적 명령이 싫었다. 군에 가서도 상급자의 명령에 불복하다 구타 등 많은 어려움을 당해 탈영까지도 생각한 적이 있었다. 내 아이들은 가능하면 남의 지시를 받지 않는 자유로운 직업, 나이가 들어도 정년이 없는 직업을 택했으면 좋겠다는 생각으로 의대를 지원케 했고 지금은 의사직을 갖게 된 것이다. 그러나 의사직이 적성에 맞지 않아 마음 아파하는 아들을 볼 때면 적성을 찾아 그에 맞는 교육과 진로지도를 했어야 했는데 그리 못했음에 미안함을 느낀다.

아이의 적성은 어떻게 알아낼 것인가? '돌아보자', '관찰하자', '검사하자'는 3가지 방법을 생각해보자.

먼저 '돌아보자'이다. 부모 자신을 돌아보자는 것이다. 나는 지금까지 만족한 직업을 택하여 살아왔는지, 아니면 다른 직업을 택했어야 했는지를 생각해보자는 것이다. 자녀는 부모의 유전 인자를 갖고 태어나기 때문에 부모는 자신의 과거를 돌아보면서 자녀의 적성과 잠재력을 생각해봐야 한다. '나는 의대를 가지 말고 공대 화공과를 갔어야 했는데', '나는 법대를 가지 말고 외대 불문과를 갔어야 했는데', '나는 가수가 되고 싶었는데' 와 같이 과거에 하고 싶었던 일을 생각하면서, 내가 하고 싶고 잘할 수 있었던 일을 자녀들도 잘할 수 있을 것이라는 생각을 가져보자. 그러나 부모의 적성이 반드시 자녀의 적성으로 이어지는 것은 아니고 그럴 가능성이 크다는 것이다. 아빠는 의사인데 자녀는 법률가로, 엄마는 가수인데 자녀는 화가로, 아빠는 기업가인데 자녀는 사회사업가로 성장하는 경우도 있다. 자녀의 진로는 부모의 적성만이 아니라 다양한 다른 요인도 작용함을 생각하자. 그러나 자녀의 적성을 생각할 때는 먼저 부모 자신의 적성이 무엇이었는지를 생각해보자.

둘째는 '관찰하자' 이다. 자녀의 행동을 관찰하면 적성이 보인다. 자녀에게 다양한 체험 환경을 만들어주고 시간을 갖고 꾸준히 관찰해보자. 관찰자는 부모로 국한치 말고 자녀와 접촉하는 모든 사람이 참여토록 하는 것이 좋다. 인간은 자기가 보고 싶은 것만 보고 듣고 싶은 것만 듣는 착각 속에서 살아가기 때문에 부모만이 자녀를 관찰하여 적성을 찾는 것은 생각해볼 일이다. 자녀를 정치가로 키우고 싶은 부모의 눈에는 자녀의 행동에서 정치가의 자질만 보이고, 의사로 키우고 싶은 부모의 눈에는 의사의 자질만 보이게 된다. 부모의 눈에 자녀의 적성이 보이지 않고 부모의 생각만 보이는 잘못을 범하지 말자. 자녀에게 다양한 체험 기회를 주고 여러 사람이 그들의 행동을 관찰하는 것이 중요하다. 각종 운동경기, 각종 전시회나 발표회의 관람, 예체능 기능, 체험과 여행 등의 기회를 통해 자녀의 적성을 찾아보자. 자녀를 음악, 미술 학원에 보내는 이유를 그들의 적성을 찾는 데 두자. 피아노 학원에 보내봐서 잘하지 못하면 미술 학원에 보내보고 그림에 소질이 없는 것 같으면 운동을 가르치는 학원에 보내보고 그 외 다양한 학습 환경에 접하게 하여 그들의 적성을 찾아보자. 피아노 학원에 보내면서 옆집 아이는 무슨 대회에서 상을 탔는데 너는 왜 그러지 못 하느냐는 꾸지람보다는 다른 적성을 찾기 위한 교육 환경으로 바꿔주는 것이 중요하다. 사교육을 받을 경제적 여유가 없는 경우에는 가정에서 자녀의 행동에 부모 관찰이 더욱 중요함을 생각하자. 자녀들의 호기심과 집중도에 관찰의 관점을 두자.

셋째, '검사하자' 이다. 과학적 실증에 의해 만들어진 검사 도구를 믿고 각종 검사를 해보자. 학교에서 실시하는 검사나 검사전문기관을 찾아가 검사를 해보는 것이 좋다. 지능검사, 인성검사, 흥미검사, 성격검사 등 다양한 검사를 해봄으로써 자녀의 적성을 좀 더 과학적인 자료를 근거로 알아낼 수도 있을 것이다. 검사를 해보는 것은 중요한 일이다. 그러나 검사 결과에 대한 해석과 신뢰성에 대해서는 깊이 생각해봐야 한다. 부모가 볼 때 자녀는 음악에 소질이 있는 것 같은데, 검사 결과는 음악 지능보다 신체 운동 지능이 더 높게 나오는 경우가 있고, 이과 성적이 우수한데 문과 적성이 높게 나오는 경우도 있기 때문이다. 그리고 검사 결과를 함부로 자녀에게 이야기해서는 안 된다. 지능 검사 결과를 자녀가 알게 되었을 때의 문제점을 생각해보자. 자신의 지능지수(IQ) 점수를 알게 된 경우 그 점수가 학교생활이나 미래의 삶에 역기능으로 작용할 수도 있음을 생각해야 한다. 지능지수가 낮은 자녀는 자존감을 잃게 되고, 지능지수가 높은 아이는 자만감에 빠지게 될 수도 있기 때문이다.

IQ는 학습 능력에 40퍼센트, 사회 성공에 20퍼센트의 예언력을 갖고 있으며, 업무수행 능력에 25퍼센트의 영향을 미친다고 한다. 지금까지 학교에서 검사해온 IQ는 지능을 구성하는 다양한 요인을 측정한 것이 아니기에 IQ 점수를 신뢰할 수는 없는 것이다. 가드너는 지능을 언어 지능, 논리·수학 지능, 음악 지능, 신체·운동 지능, 공간 지능, 개인성찰 지능, 인간친화 지능, 자연친화 지능으로 나누는 다중지능이론을 발표했고, 요즈음 지능검사는 이 같은 8개 영역을 검사하여 인간의 적성을 알아보고 있다.

지능, 전문성, 교육수준이 높은 자가 성공할 확률은 높으나 반드시 성공한다는 보장은 없다. 비전을 갖고, 다른 사람과 잘 어울리고, 역경지수가 높으며 감정이입이 자유롭고 창의적인 생각을 하는 사람이 성공할 확률이 높다. 지능은 인간의 본성, 특성, 적성의 일부를 알아내는 하나의 지표에 불과한 것이지 전적으로 인간의 능력을 예언하는 것은 아님을 생각하자

04

꿈은 반드시 이루어진다

산을 오를 때 정상을 목표로 오르는 사람이 있는가 하면 목표 없이 오르다 중간에서 내려오는 사람도 있다. 정상을 목표로 한 사람은 정상을 오르기 위해 최선의 노력을 기울이나, 목표가 없는 사람은 적당히 오르다 힘들면 그 이상을 오르지 않는다.

우리의 삶도 마찬가지다. 목표가 없는 삶은 허송세월만 할 뿐이다. 자녀에게 인생의 목표를 세우게 하는 것은 중요한 일이다. 어린 나이일수록 목표 세우기가 어렵고 세운 목표를 실천하기는 더욱 힘든 것이다. 목표를 세운 후에는 꾸준히 실천해야 하는데 도중에 포기하는 경우가 허다하다. 목표를 향해 실천해 가다보면 설정이 잘못 되었거나 실천 불가능한 목표일 경우도 있다. 이런 경우 목표는 바뀌게 된다. 인간은 생각이 바뀌기 때문에 목표도 바뀔 수밖에 없다.

자녀들이 인생의 목표를 세우기 위해서는 독서와 다양한 체험 학습이 필요하다. 책은 간접 경험을 갖게 하고 체험은 삶의 방법을 경험하게 하기 때문이다. 목표를 정한 다음에는 목표 달성 기간을 기록하고 성취 여부를 확인하는 난을 만들어 항상 볼 수 있는 곳에 게시해 놓도록 하자. 목표를 컴퓨터 바탕 화면에 띄어놓고 컴퓨터를 켤 때마다 그걸 보고 소리 내어 읽게 하는 것도 좋을 것이다. 목표를 세울 때는 하고 싶은 일, 잘하는 일, 해야만 할 일이 무엇인지를 생각해야 한다. 10~20년 앞을 내다보는 안목을 갖고 목표를 세우는 지혜를 기르게 하자. 자서전을 써보게 하는 것도 꿈을 이루는 데 좋은 방법이 될 것이다. "네가 어느 직장에 다니다 정년이 됐을 때를 생각하고 자서전을 써봐라" 초등학교 고학년 이상이면 자서전을 쓸 수 있을 것이다. 자신의 청년, 중년, 정년에 이르기까지의 삶의 이야기를 상상으로 쓰다보면 그 속에 생의 목표와 삶의 방법이 담겨 미래의 삶에 큰 보탬이 될 것이다.

목표를 세우면 그 꿈은 반드시 이루어지는가? 꿈을 향해 열심히 노력하다보면 우연의 순간에 그 꿈은 이루어진다. 미래는 이미 존재하고 있는 것들과 자연의 법칙 그리고 우연에 의해 결정된다는 말이 있다. 인류의 독재자는 시간과 자연 그리고 우연이라 생각한다. 시간 때문에 지각을 했다고 해서 시간을 고발할 수 없고, 태풍에 농사를 망쳤다고 해서 태풍을 고발할 수 없고, 우연의 순간에 교통사고를 당했다고 해서 우연을 고발할 수는 없다. 우리는 시간과 자연, 우연을 순순히 이유 없이 받아들이며 살 수밖에 없다.

우연에 의해 새로운 사실을 발견한 사례는 많이 있다. 미생물학자 알렉산더 플레밍의 푸른곰팡이에 의한 페니실린의 발견, 루이 파스퇴르의 탄저병 백신 발견, 심혈관 관상동맥 치료제 비아그라의 발기부전 중 치료의 효과, 해열제 아스피린의 심혈관 치료의 효과 등을 생각해 보자. 변화는 우리의 기대와는 상관없이 예기치 않은 우연의 순간에 일어나는 경우임을 인식하자. 로또 당첨보다 벼락 맞아 죽을 확률이 더 높으나 벼락 맞아 죽는 사람은 거의 없다. 벼락이 칠 때 우산을 들고 큰 나무 밑으로 다가가는 사람은 없다. 환경으로 다가갈 때 우연의 순간이 오고, 준비된 자만이 우연을 붙잡을 수 있으며, 우연의 순간을 붙잡는 자는 성공하는 것이다.

수능을 보기 위해 열심히 노력한 자는 난이도가 높은 문제가 자기가 공부한 내용에서 우연히 출제된 경우, 공부라는 준비를 했기에 우연이라는 행운을 맞게 되고 그걸 붙잡을 수가 있다. 공부를 하지 않고 우연을 바랄 수는 없는 것이다. 그런 자에게는 우연의 순간이 와도 그 문제를 풀 수 있는 준비가 되어 있지 않기 때문이다. 목표를 세우고 열심히 노력하면 그 꿈은 반드시 이루어진다.

뇌는 바보라는 말이 있다. 뇌는 말과 현실을 구분 못하고 사고의 뇌가 명령하면 숨어 있는 뇌는 무조건 복종을 한다. 아침에 찻잔을 깨뜨리면서 "에이, 재수가 없다"고 생각하면 그 날 정말 재수 없는 일이 일어나고, 새벽에 눈을 떴을 때, "아, 참 잘 잤다. 정말 상쾌한 아침이다"

라고 소리를 지르면 그 순간 상쾌한 기분이 드는 경험을 했을 것이다. '나는 외교관이 된다', '나는 우주 항공인이 된다', '나는 ○○이 된다' 를 계속 머릿속에 그리고 노트에 기록하면서 소리 내어 외치면 목표는 반드시 이루어진다는 믿음을 갖고, 외교관이 된 모습, 우주 항공인이 되어 우주를 나는 성취의 순간을 상상하고, 그렇게 이루어짐을 고마워 할 때 어느 순간 우연의 기회가 찾아와 그 목표가 달성되는 것이다.

우리 몸은 사고의 뇌, 뇌의 CEO인 전두엽이 '나는 ○○이 된다. ○ ○이 될 수 있다' 라고 생각하면 60조 개의 온몸의 세포와 그에 들어 있 는 DNA는 그 꿈의 실현을 위해 활동을 하고, 그 생각은 전파를 타고 우주로 날아가 그곳의 같은 파장의 전파와 같이 다시 돌아오는데 그것 은 환경이나 사람, 사건이 되어 돌아온다고 한다. '오늘 나의 존재는 어제의 나의 생각이 만들었다' 는 말을 믿는다면 '오늘의 나의 생각은 내일의 나를 만든다' 라는 것도 믿을 것이다. 인간의 성공은 타고난 적 성과 노력 그리고 믿음에 의한 우연의 순간이 만든다. 그러므로 자녀 에게 꿈은 반드시 이루어짐을 강하게 각인시켜주자.

"찾아라, 목표를

믿어라, 우주를, 신을

상상하라, 성취의 순간을

고마워하라, 이루어짐을

그리고 기다려라, 우연의 순간을" 을 외치게 하자.

　준비된 자만이 우연의 순간을 붙잡을 수 있고 우연의 순간을 붙잡는
자만이 인생의 성공을 맛볼 수 있음을 가르치자. 진인사대천명(盡人事
待天命)이라는 말이 있다. 최선을 다하고 기다리면 하늘의 뜻이 우연의
선물로 다가올 것이다.

제4부

칭찬을 많이 하자

참 잘했어요

01

칭찬

친구들 모임에 갔을 때, "야, 오랜만이다. 넌 참 건강하게 보이는구나. 무슨 비결이라도 있니?", "야, 너 얼굴빛이 안 좋구나. 어디 아프니?" 거짓말인지 알면서도 칭찬을 들으면 기분이 좋아지고, 싫은 말을 들으면 기분이 상한다. 인간의 삶은 생각의 지배를 받는다.

아침에 일어나면서 "아, 잘 잤다. 정말 기분이 상쾌하다"라고 외치면 몸의 피로가 사라지는 경험을 했을 것이다. 초등학교 시절에는 정상적인 신체를 가진 학생이 중학교에 들어가면서부터 고개가 숙여지기 시작하여 90도로 고개를 숙이고 다니기 때문에 학급 학생들조차도 그의 얼굴을 보지 못하는 기이한 현상이 나타났다. 몇 년 간을 고개를 들지 못하고 생활하던 그 학생은 어느 정신과 의사의 최면술에 의해 "나는 잘못한 것이 없다. 나는 고개를 들 수 있다"는 이야기의 반복으로 고개가 정상으로 들리는 광경을 TV에서 본 적이 있다. 생각을 바꾸니 몇 년 간 90도로 숙여졌던 고개가 정상으로 돌아가는 장면을 보고 우리의 생각과 몸의 관계의 신비함을 더욱 느끼게 되었다. 인간의 뇌는 말과 현실을 구분할 줄 모른다는 것을 여실히 보여주는 장면이었다.

나는 TV 장면을 본 후 혈압계를 던져버렸다. 나는 고혈압 때문에 매일 혈압약을 먹고 있으며 항시 혈압에 관심을 갖고 살고 있다. 하루 중 언제, 어떤 일을 할 때 혈압이 가장 높은지를 계속 측정하는 습관을 갖고 있었다. 새벽에 막 눈을 떴을 때, 일어나 맨손체조를 한 후, 화장실에서 일을 본 후, 목욕 후, 새벽에 1시간 책을 읽은 후, 글을 쓴 후, 밥 먹은 후, 오전, 오후, 저녁에 혈압의 변화를 측정하는 것이다. 내 어머님은 현재 104세의 노령이시다. 나는 어머님의 체질을 타고나 고혈압이 있으나 어머님이 아직까지 심혈관계 질환이 없으니 나도 걱정하지 말자는, 또 매일 혈압을 재본다고 혈압이 낮아지는 것도 아니고 오히려 스트레스만 쌓여 건강이 나빠질 수 있다는 생각에 혈압계를 버린 것이다. 혈압계를 버리고 난 후부터 나는 전보다 더 활력 있는 생활을 하고 있다.

누군가에게 지금부터 거짓말을 할 테니 잘 들어보라며 "당신은 매력적인 여성이다. 어쩌면 그렇게 표정이 밝고 나이보다 더 젊게 보이는가 ……"하면서 몇 분간 칭찬을 하고 나서 기분이 어떠냐고 물으면 거짓말인지 알면서도 "기분이 좋습니다"라고 답한다고 한다.

칭찬은 고래도 춤추게 하고 양파도 잘 자라게 한다는 말이 있다. 칭찬을 싫어하는 사람은 없을 것이다. 그러나 같은 일을 하고 나서 매번 똑같은 칭찬을 듣는 경우, 잘한 일도 아니고 해야만 할 일을 당연히 했는데도 칭찬을 듣는 경우, 요령을 피워 눈가림으로 어떤 일을 하고도 칭찬을 듣는 경우, 보상을 받기 위해 공부하고 나서 칭찬을 듣는 경우를 생각해보자.

아이들은 칭찬을 먹고 자란다고 한다. 그러나 칭찬만 받고 자란 자녀는 타인 의존도, 타인의 눈치 보기에 익숙해져 자신감, 독립심, 책임감, 자존감이 낮아져 오늘날 무한 경쟁 사회에서 살아가기 힘들게 된다.

칭찬은 '어렵다', '할 수 없다' 는 부정적 생각을 긍정적 생각으로 바꾸는 역할을 한다. 칭찬은 인간의 생각을 바꾸기 때문에 칭찬을 잘 활용하면 자녀들은 행동, 습관, 성격까지 바꿔 결국 성공적인 인생을 살 수 있다. 그러나 칭찬을 잘못 활용하면 보상이 목표가 되어 반칙과 요령, 눈속임에 의한 잘못된 습관이 학습될 수도 있음을 생각해야 한다.

'칭찬은 왜 해야 하는가?', '칭찬을 듣게 되면 어떤 행동 변화가 일어날 것인가?', '상황에 따른 칭찬 방법은 무엇일까?' 칭찬하기 전에 이 같은 의문을 갖고 그 답을 생각하는 부모가 되자. 그리고 의도적이고 계획적이며 가치 지향적인 교육을 하기 위해서는 칭찬과 더불어 한

계와 책임, 질책도 필요함을 생각하자. 칭찬은 바람직한 행동을 강화시키는 필요조건이나 충분조건은 될 수 없다.

.... 칭찬의 법칙

자동차 문을 잠갔는지 아닌지 잘 생각나지 않는 경우가 자주 있듯이 칭찬도 자주 들으면 그 칭찬은 잠재의식 속으로 들어가 사고의 뇌에서 쉽게 사라져버린다. 칭찬이 사고의 뇌에 오래 남아야 도파민 같은 쾌락 신경 물질을 분출시켜 행동의 강화를 가져오게 하나 잦은 칭찬은 잠재의식 속으로 빨리 들어가 버리기 때문에 칭찬의 효과를 느낄 수가 없는 것이다.

자주 듣는 칭찬은 습관성, 신뢰성의 문제를 갖게 한다. 엄마가 자녀에게 "잘한다"라는 칭찬의 말을 자주 하는 경우 처음 몇 번은 기분 좋게 들리나 나중엔 그 진실성이 의심되고, 엄마의 말버릇으로 생각할 수도 있다. 같은 표현, 같은 방법의 반복된 칭찬은 효과가 없다.

칭찬에는 습관성, 신뢰성에 이어 강도의 법칙도 생각할 수 있다. 자녀가 어느 날 스스로 숙제를 했을 때 부모는 칭찬을 한다. 자녀는 부모의 칭찬에 고무되어 다음 날도 숙제를 스스로 해낸다는 가정을 할 수 있다. 이때 다음과 같은 몇 가지 상황을 예측해볼 수 있다. 날마다 스스로 숙제를 하는 데 대하여 칭찬을 한다면, 그 칭찬의 강도를 매일 같게 할 때와 조금씩 강도를 더 크게 할 때, 어떤 경우에 학습의 강화를 더 가져올까? 간격을 두고 하는 것과 행동 후 매번 칭찬하는 것 중 어떤 경우가 더 효과적일까? 물론 개인에 따라 다르게 나타나겠지만, 칭찬은 강도가 점점 커져야 하고 빈도도 많아져야 효과가 나타난다. 그러다보면 나중에는 칭찬에 대한 내성이 생겨 그 효과는 감소될 것이다. 따라서 칭찬은 바람직한 행동이 지속될 때 강도 높게 가끔씩 해야 하는 희귀성의 법칙이 적용됨을 생각하자.

'칭찬을 많이 하자'는 말 속에는 똑같은 표현과 방법으로 잦은 칭찬을 함으로써 나타날 수 있는 역기능이 숨어 있음을 생각해야 한다. 다른 표현, 다른 방법으로 필요한 순간에 던지는, 그 결과 칭찬이 감동으로 이어져 자녀의 행동에 새로운 변화를 일으킬 수 있는 칭찬을 하자.

칭찬만이 사랑의 표현이고 칭찬만이 바람직한 행동의 변화를 가져오는 수단인 것은 아님을 알자. 어떻게 칭찬을 하느냐에 따라 그 효과는 다른 것이다.

학교 성적이 향상되었을 때, "이번 성적이 좋구나. 너는 머리가 좋은 놈이야"와 "이번 성적이 좋구나. 참 힘들었지? 앞으로 더 노력하자."

손녀가 할아버지께 손에 쥔 과자를 하나 줄 때, "우리 손녀, 참 착하구나"와 "우리 손녀, 참 고맙구나."

일을 잘못 했을 때, "…점은 좋으나, …은 고쳤으면 좋겠다"와 "…은 잘못했으나, …은 참 잘했구나", "…은 잘했으나, …은 잘못했다. …은 더 잘했구나."

엄마와 외출할 때 "그 모자 네가 산 거니? 모자가 예쁘구나", "그 모자 네가 산 거니? 네 얼굴에 잘 어울리는구나."

자녀가 착한 일을 했을 때 "우리 순희, 착한 일 했구나(말로만)", "우리 순희, 착한 일 했구나(아빠가 꼭 안아줌)."

위의 사례를 생각하면서 칭찬을 할 때 어떻게 칭찬하는 것이 자녀에게 바람직한 행동의 변화를 가져오게 될지를 생각해보자. 명품 칭찬과 짝퉁 칭찬, 소나기 칭찬과 단비 칭찬, 부분 칭찬과 전체 칭찬, 언어 칭찬과 비언어 칭찬, 결과 칭찬과 과정 칭찬, 두뇌 칭찬과 노력 칭찬, 낙관과 비관 그리고 현실주의 칭찬 등 칭찬의 성격에 따라 교육적 효과는 판이한 것이다.

⋯⋯⋯칭찬의 유형

보상 칭찬
행동은 칭찬하되 보상은 함부로 주지 말자.

칭찬과 보상의 사례를 몇 가지 들어본다.

▶ 초등학교 5학년 미술 시간에 '소풍'을 소재로 그림을 그리라고
했다. 학생들이 그린 그림을 보고 10명의 학생에게는 잘 그렸다는 칭
찬과 크레파스 1통씩을 보상으로 주고, 다른 10명의 학생에게는 칭찬
만, 나머지 10명의 학생에게는 칭찬도 보상도 하지 않았다. 다음 시간
에 '봄'에 대한 그림을 그리라고 했을 때 보상을 받은 학생은 즐거움
을 갖고 자기 생각대로 그리지를 못했다는 연구 사례가 있다. 칭찬만
받은 학생들이 가장 흥미를 갖고 학습에 임하고, 칭찬도 보상도 받지
않은 학생들은 자기 생각대로 그림을 그린다는 것이다. 초등학교에 들
어가기 전에는 자기 생각을 그림으로 자유롭게 잘 표현하던 학생도 입
학하고 나서는 자기 그림을 잃어버리고 남의 상식과 지식으로 그림을
그리기 때문에 창의성에 문제가 있다는 것이다. 보상은 과제의 성격이
나 난이도에 따라 필요한 경우가 있겠으나 별 의미 없이 주어지는 보
상은 오히려 학생들의 학습에 역기능이 됨을 생각하자.

▶ 시골에 전원주택을 짓고 노년을 보내는 할아버지가 있었다. 어
느 날 동네 아이들이 몰려와 잔디가 심어진 마당에서 재미있게 놀고
있는 것을 보고 심심하던 차에 어린이들의 노는 모습을 보니 너무 즐
거워 아이들을 불러놓고 "오늘 너희들이 이곳에 와서 놀아주니 할아버

지가 기쁘구나. 동네에 가서 맛있는 것 사먹어라”면서 5만 원을 주었다. 다음날엔 4만 원, 3만 원, 2만 원, 1만 원을 주다가 어느 날 돈을 주지 않고 돌려보냈다. 그런데 그 다음 날에는 아이들이 보이지 않았다. 할아버지는 돈을 준 것을 후회했으나 이미 때는 늦은 것이다. 아이들은 처음엔 놀이가 즐거워서 놀았으나 돈을 받은 날부터는 돈을 얻기 위해 놀러오게 된 것이다.

▶ 피아노를 배우는 자녀에게 “하루에 2시간씩 연습하면 1달 후에 ○○○을 사주겠다”는 약속을 했다. 부모는 자녀가 좀 더 많은 시간을 연습하면 빨리 피아노를 잘 칠 수 있을 것이라는 기대로 보상 약속을 한 것이다. 이 경우 자녀에게 어떤 일이 일어날 것인가를 생각해보자. 지금까지 피아노 연습을 스스로 했는데 갑자기 부모가 보상이라는 미끼를 던진 것이다. 자녀는 미끼를 물기 위해 미끼를 향해 헤엄을 치기 시작하게 된다. 그 순간부터 미끼를 물기 위한 쉬운 방법을 탐색하게 되고 그것은 결국 요령과 눈속임으로 변질될 수도 있는 것이다. 열심히 피아노를 연습하겠다는 결심보다는 어떻게 매일 2시간을 보낼 것인가에 관심을 갖게 되는 것이다.

자녀교육에 있어서 보상은 동물 훈련 시 주인의 지시에 따를 때 던져주는 음식과 같은 의미를 갖는다. 집에서 기르는 애견은 보상으로 던져주는 먹이를 얻기 위해 열심히 주인의 명령에 따른다. 타인의 지시와 명령에 의한 타율적 행동의 반응은 훈련이다. 그런데 자녀들도 부모가 던져주는 보상을 얻기 위해 열심히 어떤 일을 한다는 것은 동물의 훈련과 다를 바가 없다. 학습은 보상이 목적이 아닌 그 자체가 목적이어야 한다. 기대 만족과 성취 만족을 자율적 노력으로 얻을 때 교육의 가치는 높아진다.

부모는 칭찬과 보상에 대해 깊이 생각해야 한다. 보상이 모두 나쁜 것은 아니나, 일반적으로 보상 때문에 잘못된 습관을 기를 수도 있음을 생각하자. 상장을 가져오면 1만 원씩 주겠다고 손자들과 약속을 했었다는 친구가 있다. 대여섯 명의 손자손녀들이 초등학교에 다니는데 가져오는 상장이 하도 많아 상금을 5천 원으로 줄였더니 상장을 가져오는 횟수가 점점 줄어들더니 나중에는 상금에 관심이 없고 상장도 가져오지 않더라는 것이다. 심부름 다녀오면, 이번에 성적이 오르면, 아침에 일찍 일어나 공부하면 무엇을 해주겠다는 약속을 함부로 하지 말자. 자녀의 바람직한 행동은 보상과 같은 외적 동기보다는 내적 동기로 인해 형성되는 것이다.

발달 과정과 칭찬

발달 과정에 필수적으로 해야 할 일을 했을 때의 칭찬에 관해 생각해보자. 자녀가 자라면서 필수적으로 실천해야 할 과업을 행동으로 옮겼을 때는 그것은 당연한 일이기에 칭찬할 필요가 없다. 학교에서 돌아와 손을 씻는다든지, 아침에 일어나 잠자리 정리를 한다든지 하는 일은 자녀가 해야 할 필수적인 일이다. 당연한 것을 했을 때는 칭찬이 필요 없다. 물론 성장 과정에 맞춰 해야 할 행동이 정착될 때까지는 칭찬과 같은 교육적인 방법을 통해 학습시켜야 한다. 하지만 발달 과정에서 해내야 할 일, 그 나이에 당연히 해야 할 일을 실천하지 않는 경우에는 질책이 필요하고 그 일을 해낼 수 있도록 교육적 조치를 취하는 것이 바람직하다. 당연히 해야 될 행동에 대해 칭찬을 하는 것은 잘못된 교육 방법이다.

'지구 온난화'에 대한 생각을 써오라는 과제를 받은 학생이 자기 생각이 아닌 인터넷이나 다른 자료들을 통해 다른 사람이 쓴 내용을 수합, 재편집하여 제출했는데 선생님이 "참 잘했다"는 칭찬을 했다면 어떻게 될까? 그 학생은 남의 글을 표절해서 과제를 해결해도 칭찬을 받을 수 있다는 것을 학습하게 되고, 그 결과 쉽게 세상을 살아가도 된다는 잘못된 생각을 갖게 될 것이다.

가정에서도 마찬가지다. 부모를 속이는 것을 모르고 칭찬했을 때, 자녀는 자꾸 부모를 속이려 들 것이다. 힘 안 들이고 적당히 해도, 남의 글을 표절해도 칭찬을 받을 수 있다는 것을, 인생을 요령으로 살아도 된다는 것을 학습케 해서는 안 된다.

칭찬을 무조건 하기보다는 상황에 알맞은 칭찬만이 학습의 강화를 가져옴을 염두에 두어야 한다. 칭찬은 어린아이, 성취도가 낮은 아이, 내성적인 아이에게 효과가 더 크다. 성적 우수아나 외향적인 성격의 아이 그리고 초등학교 고학년생이나 중·고등학생인 경우에는, 칭찬도 필요하지만, 가끔은 따끔한 질책도 효과가 있다.

비교 칭찬

사람은 자신을 남과 비교하는 말을 가장 듣기 싫어한다. 특히 성장 과정에 있는 자녀들은 비교하는 말을 더욱 싫어하고 비교에 의해 형성된 잘못된 성격이 인생을 힘들게 할 수도 있음을 생각하자. 비교는 경쟁으로, 경쟁은 시기, 질투로 이어져 형제간의 우애, 친구간의 우정에 금이 가게 하는 것이다. "이번 시험에서는 동생보다 성적이 더 좋구나", "너도 동생같이 공부 좀 해라", "앞집 ○○는 ○○상을 탔단다", "엄마는 어렸을 때 ○○을 잘했는데 너는 누구를 닮아 동생만 못하냐?" 부모는 어떤 일이 있어도 자녀 상호간에 비교하는 말을 삼가야 한다.

요즈음에는 하나만 낳아서 기르는 가정이 많기 때문에 자녀 간에 비교하는 일은 드물겠으나, 이웃이나 친구 간의 비교는 있을 수 있다. 다른 학생과 비교하면서 칭찬하는 행위는 학생의 건전한 성장에 경쟁이라는 심리적 부담을 불어넣어준다. 비교에는 상향 비교와 하향 비교가 있는데, 상향 비교 즉 자기보다 더 나은 사람과의 비교는 경쟁심과 질투심을 유발하고, 하향 비교는 무기력한 생활을 하게 한다. 상향 비교나 하향 비교 같은 외적 비교보다는 내적 비교, 즉 어제의 나와 오늘의 나를 비교하는 나와의 비교가 건전한 성장의 밑거름이 될 것이다.

친구가 100점을 받고 내가 90점을 받는 것보다 내가 80점을 받고 친구가 70점을 받을 때, 친구가 60만 원짜리 재킷을 입고 내가 50만 원짜리 재킷을 입는 것보다 내가 45만 원짜리, 친구가 30만 원짜리 재킷을 입을 때, 친구가 100미터를 15초에, 내가 16초에 달리는 것보다 내가 17초, 친구가 18초에 달리는 것을 우리는 좋아한다. 낚시하러 가서 언제 가장 통쾌함을 느끼는지를 물으면 대부분 사람들은 큰 고기를 낚을 때라 답한다. 그러나 옆사람이 큰 고기를 낚다가 놓쳐버렸을 때 더 통쾌하다고 한다. 나와 별로 친하지 않은 친구가 나보다 성적이 좋으면 별 관심이 없으나 친한 친구가 성적이 높으면 질투심이 생기고 스트레스를 받는 것이 인간의 속성이다.

옛말에 배고픈 것은 참아도 배 아픈 것은 못 참는다는 말이 있다. 부모의 별 생각 없이 던지는 자녀나 친구와의 비교가 경쟁과 미움, 스트레스를 갖게 할 수 있음을 생각하자. 특히 비교에 칭찬을 더하는 경우는 자녀의 정신 건강에 문제를 야기할 수도 있음을 생각하자. "세상에서 가장 현명한 자는 남의 이야기에 귀 기울이는 자이고, 가장 부자는 현재 가진 것에 만족하는 자이며, 가장 강한 자는 자신과의 싸움에서 이기는 자"라는 말을 자녀들에게 가르치자.

완벽 칭찬

완벽한 행동의 결과만을 칭찬하지 말자. 1등을 하기 위해 노력하다 2등을 한 학생과 3등도 좋다고 생각하며 노력하다 2등을 한 학생 중 누가 더 만족감과 행복감을 느낄 것인가? 부모나 교사는 완벽한 결과에 대해서만 칭찬하기 때문에 학생을 완벽주의자로 성장케 한다. 최고의 결과나 완벽한 결과만을 위해 노력하는 자녀에게만 칭찬을 하는 것은 생각해볼 일이다. 조금 낮은 목표를 성취했을 경우에도 그 수준에 만족하면서 칭찬해주는 부모가 되어야 한다. 인생의 행복은 완벽주의보다 최적주의에서 찾을 수 있음을 생각하자. 최선의 노력을 칭찬하는 부모가 되자.

그리고 결과보다는 과정을, 능력보다는 노력을 칭찬하자. 중간고사 결과 A, B반이 다른 반에 비해 성적이 약간 우수한 경우, A반에 가서는 "너희들 머리가 좋아. 이번에 성적이 1등이다. 다음 시험에서도 1등을 해야 한다." B반에 가서는 "너희들, 이번 시험 치르느라 고생했다. 앞으로 더 열심히 하기를 바란다"라고 칭찬했을 때 다음 시험에서는 A반보다 B반의 성적 결과가 더 좋게 나온다는 실험 결과가 있다.

머리가 좋다는 칭찬을 받은 학생은 자기의 머리를 믿고 자만해질 수 있고 다음 시험에서 성적이 낮게 나오면 머리가 나쁘기 때문이라는 의구심을 갖게 된다. 그러나 '수고했다', '고생했다'는 칭찬을 들은 학생은 성적은 노력에 의해 높일 수 있다는 생각을 갖게 되고 다음에 성적이 떨어지더라도 노력의 부족으로 생각하고 더 열심히 공부할 것을 다짐하게 된다. 어떤 일을 완벽히 해냈을 때의 칭찬도 중요하지만 현재 자기 수준에 맞는 일을 성취했을 때의 칭찬이 미래에 좀 더 난이도가 높은 일을 할 수 있는 동력이 됨을 생각하자.

우뇌 행동 칭찬

우리는 학교에서나 가정에서 주로 좌뇌 행동과 관계되는 학습을 하며 살아간다. 언어와 수리 공부, 논리적 사고, 분석적 사고만을 접하고 살기 때문에 좌뇌 행동에 대한 칭찬을 주로 듣고 생활한다. 그러나 21세기 창의력 시대에는 통찰과 직관을 통한 새로운 아이디어의 창출이 요구되고, 남과 다른 생각과 방식으로 새로운 삶을 살아가는 사람으로 성장하기 위해서는 우뇌 행동이 요구된다.

"내 딸, 오늘은 일찍 일어나 숙제도 하고 방청소까지 했네!"라는 칭찬을 들을 때 엄마의 이야기 내용은 좌뇌가, 엄마의 표정은 우뇌가 느끼고, 노래를 들을 때도 가사는 좌뇌가, 가수의 표정과 음감은 우뇌가 감지한다고 한다. 자녀의 행동을 칭찬할 때 자녀들은 부모의 칭찬 내용만 듣는 것이 아니고 부모의 표정과 마음도 읽고 있음을 생각하자. 그러므로 자녀를 칭찬할 때는 그들이 이룬 실적만을 칭찬하지 말고 그들의 표정, 태도, 행동도 칭찬하자. "우리 아들, 오늘 심부름을 잘해줘 엄마가 기쁘구나." "우리 아들, 심부름 하느라 힘들었지? 웃고 들어오는 내 아들 모습이 너무 자랑스럽구나."

자녀들은 부모의 말뿐만 아니라 부모의 마음도 읽고 있음을 생각하자. '잘했다' 는 말보다는 만족해하는 부모의 미소가, 그 말속에 담긴 진실성이 자녀의 마음을 움직임을 생각하자. 인간은 좌뇌와 우뇌, 즉 양 뇌가 함께 작용할 때 어려운 문제도 풀 수 있고, 새로운 아이디어도 창출해낼 수 있고, 바람직한 행동의 변화도 나타날 수 있음을 생각하고 우뇌에 의한 행동에도 관심을 갖고 칭찬하는 부모가 되자.

구체성 있는 칭찬

"감사합니다", "고맙습니다", "참 멋있습니다"와 같은 말을 우리는 자주 하고 들으면서 살아간다. 그러나 '감사하다, 고맙다, 멋있다' 는 의미는 광범위하여 듣는 사람에게 크게 어필되지를 못한다. "오늘 만찬회에 참석해주셔서 감사합니다." "저에게 전화 주셔서 고맙습니다." "두 분이 손을 잡고 걸어가는 모습이 너무 멋있습니다." 이같이 좀 더 구체적인 내용의 이야기는 듣는 사람의 마음을 움직이는 원동력이 된다.

"심부름 잘해줘 고맙다."
"빨리 다녀왔구나. 힘들었지? 고마워."
"컴퓨터 고쳐줘 고맙다."
"어쩌면 그렇게 컴퓨터를 잘 고치니? 정말 고마워."
"엄마 도와줘서 고마워."
"설거지까지 해놨구나. 정말 고맙다."
"오늘 책을 읽고 있는 걸 보니 아빠가 기분이 좋구나."
"스티브 잡스에 대한 책을 읽고 있네. 아빠 기분이 좋은데."

위에 제시된 예에서처럼 형식적인 말보다는 구체적인 행동을 강조하는 칭찬이 보다 나은 긍정적 행동의 변화를 가져오게 될 것임을 생각하자. 이때 구체적 칭찬과 부분 칭찬을 구분하여 사용하는 것이 좋다. 새 모자를 쓰고, 새 가방을 들고, 새 옷을 입고, 새 안경을 끼고 외출했을 때 모자, 가방, 옷, 안경만 좋아 보인다, 어디서 구했느냐는 부분 칭찬을 듣는 것보다는 모자나 안경이 얼굴과 잘 어울린다, 옷이 예쁘다는 말보다는 그 옷을 입으니 아주 젊어 보이고 더 날씬해 보인다는 칭찬을 들을 때 기분이 훨씬 좋아지는 것이다.

칭찬을 할 때는 상황을 잘 살핀 다음 어떤 칭찬을 해야 할지를 결정해야 한다. 가능하면 구체적으로 칭찬하되, 부분이 아닌 전체적 관계를 이야기하는 칭찬을 하도록 하자.

몸 칭찬

미국 심리학회 회장을 지낸 심리학자 해리 할로(Harry Harlow)는 보육사의 엄격한 통제 하에 자란 고아원 어린이가 수감자 엄마들의 돌봄 속에 자란 교도소 보육원 어린이보다 사망률이 높고 성인이 되어서도 문제아가 많았다면서 어린이는 엄마의 젖을 먹고 자라는 것이 아니라 엄마의 품과 사랑을 먹고 자란다는 연구 결과를 발표했다.

엄마의 열정과 사랑이 담긴 눈빛, 기쁨을 전해주는 표정, 꼭 품어주는 따뜻한 엄마의 가슴은 말로만 하는 칭찬보다는 자녀의 행동의 변화에 더 큰 영향을 미친다.

"우리 철이가 아빠 구두를 닦아 놓았네."
"내 딸이 화분에 물을 주었네."
"영어 시험 문제를 1개밖에 안 틀렸네."
"내 아들이 일찍 일어나 숙제를 하네."

자녀가 좋은 일을 했을 때 말로만 칭찬하는 것보다 자녀의 손을 잡아주며, 등을 어루만지며, 꼭 안아주면서 "잘했다", "고맙다", "내 아들이 최고야", "내 딸 파이팅"이라고 칭찬하는 것이 부모의 따뜻한 마음을 전하는 사랑이 담긴 칭찬이 될 것이다.

신체적 접촉 범위가 넓을수록 인간은 서로 가까워진다고 한다. 서로 만나 대화할 때, 밥을 먹을 때, 목욕을 할 때, 같이 잠을 잘 때 인간은 더욱 친근해진다. 가정에서 부모는 자녀와 신체 접촉이 가능하지만 오늘날 학교에서는 불가능한 일이다.

수업시간에 교실을 순회하다 문제를 열심히 풀고 있는 학생에게 "우리 철이 열심히 잘 풀고 있구나. 답도 맞았네"라고 말로만 하는 것보다는 등을 두드린다든지 머리를 쓰다듬어주면서 칭찬하는 것이 훨씬 더 학생의 마음을 움직이는 칭찬이 될 것임은 자명한 일이다.

칭찬은 누가, 언제, 어떤 방법으로 하느냐에 따라 그 효과가 다를 것이다. 칭찬하는 사람의 어투, 표정, 태도, 두 사람 간의 거리, 적절한 신체 접촉은 칭찬의 중요한 요인이 된다. 칭찬은 가능하면 가까운 거리에서, 밝은 표정으로, 사랑과 신뢰가 담긴 말로 해야 한다. 거기에 적절한 신체적 접촉이 더해질 때 그 효과는 극대화될 수 있다.

학교에서도 이 같은 칭찬이 가능했으면 좋으련만 오늘의 학교 풍토는 신체적 접촉이 불가능하다. 그러나 부모는 가정에서 자녀를 칭찬할 때 자녀가 부모의 사랑과 진실을 느낄 수 있는 몸으로의 칭찬도 했으면 한다. 자녀들은 부모의 사랑을 먹고 자람을 다시 한 번 생각하자.

가치관 칭찬

어른들은 아이들이 인사를 잘하거나 좋은 일을 할 때 '착하다' 고 칭찬하는 경우가 많다. 엘리베이터를 탔을 때 어린 꼬마가 "안녕하세요?"라고 인사를 하면 "너 몇 층에 사니? 참 착하구나"라는 말을 쉽게 한다. 지난 설에 손녀가 나에게 사과 한쪽을 건네주었을 때 "우리 손녀, 참 착하지"라고 칭찬을 했다. 부모가 쉽게 하는 '착하다' 는 말의 칭찬을 자녀들은 어떻게 받아들일까? 그들은 '착하다' 는 의미를 누가 뭘 주라고 하면 주는 행동, 남의 말을 잘 들어주는 행동으로만 생각하게 된다. 또한 '착하다' 는 칭찬을 들은 자녀는 다음 행동에서 착하다는 칭찬을 듣지 못하면 자신이 착하지 않다고 생각하게 된다. 어린아이들은 순진하여 어른들의 말을 비판 없이 받아들이기 때문이다.

그 후 자녀가 '착하다' 는 칭찬을 받지 못하고 '잘했다', '고맙다' 라는 칭찬을 받으면 잘하고 고마운 일을 했으나 그것은 착한 일이 아니라는 생각을 갖게 될 수도 있음을 생각하자. '착하다', '정직하다' 와 같은 가치관과 관계있는 칭찬은 가능하면 삼가는 것이 좋다. 손녀가 과자를 줄 때 '착하다' 보다는 '고맙다' 라는 답을, 이웃 어린이가 인사를 할 때 "안녕하세요? 반가워요. 인사를 잘하는구나"라는 말로 답하는 것이 좋은 칭찬이 될 것이다.

질책과 체벌

초등학교 6학년 자녀가 학교에서 돌아와 손발을 씻지 않고 식탁에
앉는다. 할아버지가 식탁에 앉기도 전에 음식을 먹는다. 아침에 일어
나 잠자리 정리를 하지 않는다. 학교 숙제를 하지 않는다. 동생을 때
린다.

이 같은 행동은 초등학교 6학년 발달 과정에서 필수적으로 해야 할
일을 하지 않는 예이다. 부모의 지도에도 불구하고 이 같은 행동을 계
속하는 경우에는 어떻게 해야 할까?

잘못된 행동, 타인에게 피해를 주는 행동을 하는 경우에 질책이나
체벌을 가하는 것은 잘못된 일일까? 어느 날 식당에서 점심을 먹는데
두 어린 아이가 계속 식당 내를 뛰어다녔다. 뒤를 보니 젊은 부부 두 쌍
이 밥을 먹고 있는데 아이들의 행동에는 관심이 전혀 없는 것 같았다.
식당 주인에게 조용히 해달라는 부탁을 했고 주인이 부모에게 이야기
했으나 그 순간뿐 아이들의 행동은 계속되었다.

우리는 인권을 이유로 체벌의 금지를 생각한다. 인권이란 인간이

당연히 가지는 기본적 권리로 자유와 평등의 의미를 내포하고 있다. 부모도 자녀의 인권을 존중해야 한다. 자녀에게 자율권을 주어 건전한 성장을 돕고 창의성도 신장시켜야 한다. 그러나 자율에는 선택권이 주어지고 선택에는 책임이 따라야 한다.

아이들은 학습을 통해 인간다운 인간으로 성장하기 위한 삶의 방법을 배우는 미성숙한 존재이다. 아직 건전한 가치관이 형성되지 않은 그들에게 자율에 의한 선택의 기회를 줄 때 그 결과는 어떻게 될까? 여러 가지 과일이 담긴 바구니를 주고 과일을 골라 먹게 할 때 밤이나 배는 먹지 않고 밀감이나 딸기를 선택하기 쉽다. 쉽고 편한 일, 좋아하고 하고 싶은 일만 하려는 그들에게 자율권만 주면 될 것인가?

사랑은 칭찬만이 아니고 질책에도 담겨 있음을 생각하자. 양아들로 데려온 아이를 양부모가 애지중지 길렀는데 아이가 계속 비뚤어진 행동을 하는 것이었다. 고등학생이 되었는데도 양부모의 말을 듣지도 않고 일탈 행동만 하는 요인을 찾아보니, 친자식에겐 집안일도 시키고 잘못하면 질책도 하고 체벌도 가했는데, 양아들은 편하게만 길러온 것임을 알게 되었다. 친자식과 똑같이 일도 시키고 질책도 하고 체벌도 하면서 기른 후부터는 새로운 아이로 변하게 되었다는 어느 경험자의 이야기가 있다.

나는 체벌도 인간의 바람직한 행동의 변화에 칭찬 못지않게 필요하다고 생각한다. 체벌은 즉시 행동을 고치는 데는 효과가 있으나 자녀들에게 수동적인 태도와 부정적 자아개념을 갖게 하기 때문에 체벌보다 칭찬이 교육적이라고들 한다. 그러나 교육적인 체벌은 칭찬 못지않게 중요하다. 체벌은 그 방법에 따라 교육적일 수도, 비교육적일 수도 있다. 체벌은 신체 접촉에 의한 직접 체벌과 비접촉에 의한 간접 체벌로 나눌 수가 있다. 직접 체벌에는 감정이 실리지 않은 사랑의 매도 있을 수 있다. 매를 맞는 이유와 당위성을 인정할 수 있는 체벌이 교육적 체벌인 것이다.

그러나 가능하면 직접 체벌보다도 간접 체벌을 이용하는 것이 좋다. 간접 체벌에는 첫째, 학습력 증진을 위한 체벌이 있다. 책 한 권 읽기, 시 두 편, 단어 30개 외우기, A4 용지 3장에 글 써오기, 문제 풀어오기 등의 체벌은 학습력 증진에 도움이 된다.

둘째는 체력과 인내력을 기르는 체벌이다. 손 짚고 엎드리기, 손들고 서 있기, 계단 오르내리기, 운동장 돌기도 좋고, 도전과 용기를 기르기 위해 번지 점프나 수영장에 가서 다이빙하기를 벌로 제시해보는 것도 교육적인 효과를 가져오는 방법이라 생각한다.

세 번째는 노동을 부과하는 체벌이다. 화장실 청소하기, 손으로 빨래하기, 공부방 정리하기, 일요일 아침밥 준비하기, 장애인 시설이나 노인 요양원에 가서 봉사하기 등을 통하여 노동과 봉사의 가치를 배우게 하는 것도 좋다.

네 번째는 심리적 불쾌 자극을 주는 체벌이다. 질책(꾸짖어 바로잡음)이나 벌점, 타임아웃 등 정신적 부담감을 주는 것도 교육적 효과를 기대할 수 있을 것이다.

교육에는 이 같은 간접 체벌이 필요하나, 체벌도 자녀의 성숙도나 성격에 따라 맞춤형 체벌이 필요하다고 생각한다. 남아와 여아, 내성적인 아이와 외향적인 아이, 저학년생과 고학년생, 신체가 강한 아이와 약한 아이, 성적이 좋은 아이와 뒤지는 아이, 용감한 아이와 그렇지 않은 아이에 따라 그들에 알맞은 체벌을 하되 아이의 마음에 상처를 주어 심리적 반발이나 부정적 자아개념을 갖게 해서는 안 된다. 자녀가 잘못된 행동을 하는 경우 체벌을, 좋은 행동에는 칭찬을 하되 대상에 따라 빈도와 강도를 생각해야 한다.

칭찬과 체벌은 반드시 교육적이어야 하고, 칭찬과 체벌 후에는 바람직한 행동의 변화가 있어야 함을 생각하자.

02

콩나물과 콩나무

칭찬만 듣고 자란 자녀는 작은 어려움에도 큰 충격을 받는다. 좋은 환경 속에서 순탄하게 자란 나무는 거세지 않은 바람에도 쉽게 쓰러지듯이 오직 칭찬만 듣고 자란 자녀들은 학교생활, 사회생활, 군대 생활을 하면서 사소한 자극에도 큰 충격을 받는다. 학교에서 교사가 가한 사소한 질책이나 친구들과의 불협화음을 견디지 못하고 극단적으로 자살까지 시도하는 경우를 볼 때면 칭찬이 효율적인 교육 방법인지 다시 생각하게 한다. 칭찬만을 듣고 자란 자녀는 강한 자가 될 수 없다.

요즈음 학교폭력 문제 때문에 부모들이 자녀들의 안전을 걱정하고 있다. 폭행을 당하거나 폭행하는 장면을 보는 경우 즉시 신고하라는 예방 교육을 한다. 그러나 폭행에 대한 신고가 잘 되지 않고 있는 것은 무슨 이유일까? 잘못을 보거나 불의를 보고 그 잘못을 지적하고 그에 대항하고 신고하는 자는 강한 자라고 할 수 있다. 칭찬만 듣고 자란 자녀는 폭행자의 보복이 두려워 신고할 수가 없는 것이다.

가정에서 자녀의 잘못을 꾸짖듯이, 학교에서도 선생님이 학생의 잘못된 행위에 대해서는 질책이나 교육적 체벌을 가할 필요가 있다. 항시 칭찬만 하는 부모가 있는 한 자녀들은 강하게 자랄 수 없다. 미래 무한 경쟁 사회를 헤쳐 나갈 수 있는 강인한 정신은 부모나 교사가 가한 질책과 체벌을 적극적으로 수용하는 자세에서 비롯된다.

가정에서 강하게 기르지 않으면 자녀는 시루 안의 콩나물로 자라게 된다. 헬리콥터 맘, 매니저 맘, 알파 맘, 캥거루 족, 마마보이라는 유행어를 생각해보자.

나는 매일 새벽에 목욕탕에서 50대 사업가를 만나 같이 목욕을 한다. 그는 7시가 되면 휴대폰으로 어디론가 전화를 한다. 궁금하여 어느 날 물어보니 대학에 다니는 아들을 깨운다는 것이다. 나는 깜짝 놀랐다. 다 큰 대학생을 아버지가 매일 전화로 깨운다니 도저히 이해가 가지 않는 일이다. 한 마디 충고를 하고 싶었지만 나이 든 사람의 잔소리로 들을까봐 말은 못하고 지금도 속앓이를 하고 있다.

자녀가 할 수 있는 일, 해야 할 일은 스스로 하게 해야 한다. 부모가 그들의 일을 도운다고 거들어주면 독립심, 책임감, 자존감, 도전정신은 사라지고 만다. 가정에는 부모의 사랑이, 학교에는 선생님의 지도가 있으나, 사회에는 경쟁만이 있을 뿐이다.

자녀를 비바람과 추위 속에서 살아남을 수 있는 강인한 콩나무로 기르자. 그러나 우리나라 부모는 자녀를 학습시키는 것이 아니라 그들로부터 학습을 당하고 있는 것 같아 염려스럽다. '이렇게 해야 한다'가 아니라 '그래, 그렇게 해줄게' 로 자녀를 교육하고 있다.

미국 예일대 교수로 중국계 이민 2세인 에이미 추아는 소피아와 루루라는 두 딸을 키운 내용을 『Tiger Mother』라는 책으로 펴냈다. 엄격한 통제와 규칙으로 큰 딸 소피아를 길렀고, 작은 딸 루루는 엄마의 스파르타식 교육 방법에 저항을 보여 자유를 더 주되 모든 걸 엄마와 함께 의논하도록 교육하여 두 딸 모두 훌륭하게 길렀다. 추아 교수는 "아이들은 스스로 공부하지 않는다. 아이들은 좋아하는 일만 선택하기 때문에 꼭 해야 할 일은 부모가 정해줘야 한다" 면서 자녀교육에는 어느 정도 자유는 보장해주되 어떤 것을 선택할 때는 부모가 도와야 한다고 했다. 추아 교수의 큰 딸은 엄격한 규율 하에 암기와 반복 학습으로 성공했고, 작은 딸은 자율을 주되 선택은 부모가 도움을 주는 방법으로 성공했다. 추아 교수의 미국에서 아동 학대자, 인종 차별주의자라는 비판을 받았으나, 그녀의 책은 자녀교육의 두 가지 측면, 즉 자율과 존중에 의한 교육으로 잘 성장하는 자녀가 있는가 하면, 통제와 규율에 의한 타율 교육으로 잘 성장하는 자녀도 있음을 보여준다.

'자녀교육을 어떻게 하는 것이 가장 좋을까?' 의 답은 없으나 공통분모는 찾을 수 있다. 엄격한 규율 속에서 지도하되 어느 정도의 자율은 보장해주고 자녀가 어떤 선택을 해야 할 때는 부모가 도움을 주는 것은 그 누구에게도 적용될 수 있는 교육 방법이 될 것이다. 가정에서 어떤 교육 방법을 사용하든 자녀는 강하게 길러야 한다.

나는 시골에서 초등학교와 중학교를 다녔다. 지금의 초등학교인 국민학교를 졸업하고 누나가 다니는 중학교에 입학했는데 초등학교 다닐 때 나를 괴롭히던 친구가 나와 같은 반이 되었다. 학교에 가면 그 친구가 계속 나를 괴롭히고 심지어는 때리기도 했다. 나는 초등학교 때와 같이 매일 울면서 집에 왔다. 어느 날 어머님이 나를 부르더니 "너는 중학생이 되어서도 맞고 다니느냐? 너는 건강하고 힘도 세면서 왜 맞고 다니느냐? 너를 괴롭히는 애하고 맞더라도 한 번 싸워봐라. 남자가 그렇게 약해서 되겠느냐?" 어머님의 충고에 힘을 얻어 다음 날 청소 시간에 그 친구가 나를 또 괴롭히려는 순간 싸움을 시작했다. 용기를 내어 달려 들어보니 그 친구를 넘어뜨리는 것은 어렵지 않았다. 쉽게 내가 싸움에서 이긴 것이다. 그 뒤부터 그 친구는 더 이상 나를 괴롭히지 않게 되었고 다른 친구들도 나를 깔보지 않았으며 나 스스로 뭐든지 할 수 있다는 용기를 갖게 되었다.

그때 싸워서라도 자력을 기르라는 어머님의 충고가 내성적이었던 나의 성격을 바꿔 오늘의 나를 만든 원동력이 되었다. 나는 고등학교 입학식 날 운동장에서 굴러온 공을 찼다는 이유로 폭행을 당했었다. 학교를 그만두고 집으로 돌아가려 했으나 고생하시는 어머님을 생각하여 학업을 계속하면서 맞지 않기 위해 태권도를 배우게 되었고 아령이나 평행봉으로 몸을 단련하게 되었다. 이런 일도 있었다. 하교 시에 여고 앞을 지날 때 부끄러워 골목길로 다니던 나에게 "여고생 앞을 부끄러워하는 것이 남자냐? 용기를 내어 걸어보라"는 선생님의 말씀에 이를 악물고 한 번 그들 앞을 지난 후부터는 남 앞에 서는 것을 부끄러워하지 않게 되었다.

요즈음 부모들은 아이를 하나만 낳아 기르기 때문에 너무 과보호하는 것 같다. 학교에서 조그마한 일이 있어도 학교에 항의하고, 폭행 사건이 나면 고소 고발로 이어지는 행위는 자녀의 자립심이나 독립심, 배려심을 낮게 하는 요인이 되는 것이다. 가끔은 "No. No. No"를 외치는 부모가 되자.

우리나라 부모들은 자녀가 대학을 마치고 결혼을 한 후에도 그들의 뒷바라지에 힘들어하고 있다. 자식 뒷바라지하다 중년이 지나 노년기에 이르러 고독과 병에 시달리면서 과거를 후회하는 부모가 대부분이다. 서구 사회는 자녀가 18세가 되면 독립시켜 스스로 돈을 벌어 학교를 다니고 자립 생활을 하게 하는 점에 비추어볼 때, 우리나라 부모는 자녀를 너무 과도하게 보호함으로써 콩나물과 같은 약한 사람으로 성장케 하고 있다.

21세기를 살아가는 자녀에게는 세계라는 숲을 보여주는 교육도 하자. 세계라는 숲을 보지 못하고 한국이라는 나무만 보고 자란 자녀들은 미래 국가를 끌고 갈 동력이 될 수가 없다. 세계를 보는 방법으로는 세계를 여행할 기회를 제공하는 것이다.

대학에 가서만 세계 여행을 보내지 말고, 중고교 때 세계를 볼 수 있는 기회를 제공하자. 세계 여행에는 돈과 시간이 필요하기 때문에 중고교 시절에는 불가능하다고 생각할 수 있으나 경제가 허락하는 학부모는 실제 세계 여행을 보내고 그렇지 못한 학부모는 도상 여행을 통해 세계를 경험토록 하자.

자녀가 가보고 싶은 나라를 여행할 계획을 짜게 하고 그것을 가족에게 발표케 하는 과정을 거치게 하면 자녀는 그 나라에 가지 않고도 그 나라의 정치, 경제, 사회, 문화, 교육 등을 어느 정도 학습할 수 있으며, 그 결과 세계를 보는 안목이 생기게 될 것이다.

21세기 자녀들이 살아갈 공간은 세계임을 어려서부터 교육시키는 부모의 지혜가 필요한 때이다. 세계 어느 곳에 있더라도 살아남을 수 있는 강인한 인내력과 용기, 도전정신을 가진 자녀로 기르자. 그러기 위해서 '스스로', '홀로'를 삶의 방법으로 실천케 하고, "너는 할 수 있어", "나는 너를 믿는다"를 그들 마음속에 심어주자. 이 같은 부모의 믿음은 자녀교육에 피그말리온 효과로 좋은 결과를 낳게 될 것이다.

키프로스의 조각가 피그말리온(Pygmalion)은 얼굴이나 몸매가 여성으로부터 호감을 얻지 못할 정도여서 여성을 사귀지도 못하고 결혼도 못하자 상아로 예쁜 여인상을 만들어놓고 매일 "저 조각상이 인간으로 변하여 나의 아내가 되었으면 좋겠다"고 생각하며 세월을 보냈다. 그러던 어느 날 그 조각 여인은 진짜 여인으로 변했고 그는 그 여인과 잘 살았다는 이야기가 전해오고 있다. 이 신화는 하버드 대학교 로젠탈(R. Rosenthal) 교수와 초등학교 교장인 제이콥슨(L. Jacobson)에 의해 '자성 예언(self-fulfilling prophecy)'으로 입증되었다. 그들은 빈민 거주지의 오크(Oak) 초등학교 1, 2학년을 대상으로 무작위로 두 개 반을 가른 다음 A반 교사에게는 "이 반은 잠재 가능성이 높은 우수한 아동이 모인 집단이다"고 하고, B반 교사에게는 아무런 언질을 하지 않고 학급을 운영하게 한 다음 1년 후에 두 반을 비교해봤다. 그 결과 A반의 학생들이 B반에 비해 IQ가 24점이나 높게 나왔고 성취도나 대인관계가 더 좋았다. 이 실험 결과는 피그말리온 효과라 하여 학생 교육에 회자되었다. 교사들이 학생들의 잠재력을 믿게 되면 교사의 학생에 대한 사랑과 기대가 커지고 학생들은 그 기대에 부응하기 위해 더 열심히 노력하게 된다는 것이다. 이 피그말리온 효과는 가정에서 자녀교육이나 학교에서 학생교육에 중요한 시사점을 주고 있다. 부모가 가정의 피그말리온이 되어 부모의 자성 예언이 자녀를 훌륭하게 성장하는 밑거름이 되게 하자.

03

칭찬과 뇌

부모의 미소는 자녀들의 거울 뉴런에 반영되고 부모의 칭찬에 도파민이 솟아 학습의 강화를 일으킨다. 뇌의 쾌락 신경물질인 도파민과 엔도르핀은 자제력이 없고 중독성이 강하기 때문에 쾌감을 다시 맛보기 위해 계속 그런 일을 하게 한다.

학습과제가 자기 수준에 맞고 선생님의 가르침을 이해할 때 학생은 학습에 대한 긍정적 생각을 갖게 된다. 거기에 부모나 선생님의 칭찬이 보태질 때 벅찬 감동을 주는 도파민과 엔도르핀, 그리고 잔잔한 감동을 주는 세로토닌이 발생하게 되어 강화 학습이 이루어지는 것이다.

인간이 어려운 문제를 접하게 되면 먼저 전두엽이 해마나 편도체에게 풀 수 있는가를 묻게 되고 이때 해마는 풀어본 경험이 있는지 없는지를, 편도체는 풀어볼 것인지 말 것인지의 반응을 보인다고 한다. 이때 해마와 편도체가 긍정적으로 전두엽의 명령에 따르게 되면 문제는 쉽게 풀리게 되는 것이다.

어려운 문제 풀이를 좌뇌와 우뇌의 작용으로 이야기하기도 한다. 언어적, 논리적, 체계적, 분석적, 교과서적인 기능을 갖고 있는 좌뇌가 비언어적, 공간적, 예술적, 감성적, 직관적인 기능을 갖고 있는 우뇌의 도움을 받을 때 어려운 문제가 쉽게 풀린다는 것이다. 좌뇌에 의해 잘 풀리지 않던 문제가 번뜩임, 우연의 순간에 풀리는 것은 우뇌의 도움이 있어서이고 이것을 총괄하는 뇌는 사고의 뇌인 전두엽인 것이다. 부모는 뇌의 CEO인 전두엽을 칭찬으로 자극하여 동기와 호기심을 갖게 함으로써 자녀들의 학습력을 증진시키고 건전한 가치관과 고운 인성을 길러줄 수 있는 것이다.

04

대화와 칭찬

PISA(Program for International Student Assessment)와 국제시민의식교육연구의 청소년핵심역량지수 결과를 보면 한국 학생은 지적 역량이 비교 대상국 36개국 중 2위이나 사회적 상호작용역량은 35위이다. 우리나라 학생들은 공부는 잘한다. 그러나 우수한 학생을 비교해보면 낮은 성적을 보이고 있고, 경쟁 지향, 출세 지향적인 가치관 때문에 공동체 일원으로 대화하고 참여하며 사회적으로 협력하고 봉사하는 사회적 상호작용역량은 최하위인 것이다.

해외 유학생들도 국내에서와 같은 교육방법으로 공부하여 많은 어려움을 겪는 사례를 생각해야 한다. 미국 공립고 중에서 매년 최상위 평가를 받는 워싱턴 DC 근교에 있는 토머스 제퍼슨 과학고에 재학 중인 한국계 학생들은 학교 성적은 최상위권이나 아이비리그 합격생은 중국계나 인도계에 비해 월등히 적다고 한다. 한국 부모들은 교과 성적이나 SAT 성적을 높이기 위한 노력을 하는 데 반해, 중국계나 인도계 학부모들은 사회활동, 자원봉사활동, 동아리활동 등 교과 외 각종 체험활동에 관심이 더 많다는 것이다. 결과적으로 우리나라 유학생들은 글쓰기, 토론 등에서 뒤지고 대입공통지원서의 특별활동 란을 채우지 못해 불이익을 본다는 것이다.

직장 생활 실패의 요인이 원만하지 못한 대인관계(85퍼센트), 전문성 부족(15퍼센트)이라는 미국 카네기연구소의 발표를 생각할 때 자녀들에게 사회적 상호작용역량을 기르게 하는 것이 얼마나 중요한지를 생각해봐야 한다. 상호작용역량을 갖게 하는 방법은 다양하나 먼저 좋은 대인관계를 갖기 위해 칭찬과 대화를 생각해본다.

'미인대칭'(미소 지으며 인사하고 대화하며 칭찬하자)이라는 말이 있다. 우리는 사람을 만나면 제일 먼저 상대방을 인정하고 그에게 관심이 있음을 말과 행동으로 보여야 한다. "처음 뵙겠습니다. 자주 뵈온 분 같아 마음이 편안합니다. 저는 ○○○입니다"로부터 시작하여 다음엔 두 사람 간의 관계성을 찾는다. 이야기를 하다보면 동향인, 동창생, 같은 취미 등 서로간에 공감을 느낄 수 있는 점을 찾으면 훨씬 빨리 서로 가까워진다. 그리고 대화 중에 유머를 던져 즐거움을 제공하고 상대방의 이야기에 귀 기울이며 공감하고 격려하며, 대화가 끝났을 때 상대방이 나로부터 새로운 정보나 지식을 얻었다는 생각을 갖도록 하는 것이 대화의 기본 과정이라 할 수 있다.

특히 대화에서 유의할 점은 서로 헤어졌을 때 상대방이 나를 어떻게 생각할 것인지를 염두에 두어야 한다. 나의 장점만, 내가 너보다 더 나은 사람이라는 점만을 보인다면 상대는 자기 자신의 초라함에 기분 나빠하고 다시 만나고 싶지 않게 될 수도 있다. 그러므로 대화는 동등한 입장에서 상대의 수준에 맞게, 상대를 즐겁게, 그러면서도 상대의 가슴속에 뭔가 흔적이 남을 수 있는 대화 기법을 익혀 활용해야 한다. 상대방의 인격을 존중하고 그의 말에 귀 기울이고 말의 내용에 관심을 보이는 것의 중요함을 자녀에게 가르치자.

대화를 긍정적 대화와 부정적 대화, 소극적 대화와 적극적 대화, 일방적 대화와 양방적 대화로 나눈다. 부정적, 소극적, 일방적 대화는 방어적, 공격적, 비판적 성격이 짙고, 긍정적, 적극적, 양방적 대화는 수용적, 배려적 성격이 강한 것이다.

칭찬을 통하여 성공적인 대화를 하는 방법은 다양하나 상대방의 이야기를 진실성 있게 들어주고 가끔 내용에 관심을 보이며 공감하고 격려하는 대화가 바람직한 대화라 할 수 있다.

남의 이야기를 엿듣게 하고 그 느낌을 알아보는 대화 반응 실험이 있다. 처음엔 계속 칭찬만 하고, 두 번째는 계속 단점만 이야기하고, 세 번째는 처음에 단점, 다음에 칭찬을, 네 번째는 처음 칭찬, 다음에 단점을 이야기한 다음 그 느낌을 물었을 때 처음에 단점을 이야기하고 다음에 칭찬하는 것을 가장 좋아했고, 처음에 칭찬, 다음에 단점을 이야기한 경우를 가장 싫어했다. 세 번째와 네 번째는 내용은 같고 순서만 바꿨는데도 판이한 반응을 보인 것이다.

朝三暮四라는 고사성어가 있다. 원숭이를 사육하면서 밤톨을 아침에 3개, 저녁에 4개를 주면 원숭이가 분노하고, 아침에 4개, 저녁에 3개를 주면 좋아했다는 일화에서 나온 말이다. 朝三暮四나 朝四暮三이나 하루에 받아 먹는 밤톨 수는 같으나, 즉 본질은 변함이 없는데 그것을 받아들이는 감정은 다르다는 것을 생각게 하는 얘기다. 처음에 칭찬하고 다음에 단점을 이야기하는 것은 주었던 물건 빼앗기, 나무 위에 올려놓고 흔드는 격이고, 처음에 단점을, 다음에 칭찬을 하는 것은 상처에 치료제를 발라주는 것과 같은 느낌을 받는다는 것이다.

자녀의 바람직한 행동의 변화를 기대하기 위해서는 질책 후 칭찬의 방법을 사용하는 것이 좋으나, 칭찬-질책-칭찬이라는 샌드위치 기법을 활용하는 것도 효과적이라 할 수 있다. 그리고 질책은 개별적으로, 칭찬은 여러 사람 앞에서 하는 것이 효과적이다. 칭찬의 효과는 자녀의 성격과 그때의 분위기에 따라 다르게 나타나겠지만 가능하면 자녀가 가족들과 같이 있을 때 칭찬을 하는 것이 좋고, 칭찬 받는 당사자는 없고 다른 자녀들만 있을 때 그 자녀의 칭찬을 해주는 것 또한 좋은 방법이다.

자녀와의 대화를 자주 하는 것은 매우 바람직한 일이나, 대화도 개인의 성격적 특성이나 상대방과의 관계, 서로간의 가치관의 차이, 학력, 지식이나 정보 수준 등에 의해 다른 효과를 나타내므로 대화가 주어진 문제를 해결하는 데 반드시 순기능으로만 작용하는 것은 아니다. 대화는 상대방의 생각을 이해하며 듣고 나의 생각을 이야기하는 과정을 거치는데, 대부분 대화는 끌고 가는 자와 끌려가는 자로 나누어지며, 대화의 결과가 win-win 법칙보다는 win-lose 법칙이 적용된다. 대화는 서로간의 인간관계나 각자의 성격적 특성 그리고 대화의 내용에 따라 그 결과가 다르게 나타난다고 할 수가 있다.

자녀와의 대화가 자녀교육에 중요하다고들 한다. 그러나 특히 사춘기 자녀와의 대화는 더욱 어렵다. 자녀들은 부모와 다른 가치관과 그들만의 문화를 갖고 살아가기 때문이다. 그리고 사춘기는 성에 눈을 뜨게 되는 시기이고 부모를 비판하기 시작하는 때이기에 그들과 대화를 한다는 것은 쉬운 일이 아니다.

그러나 가능하면 대화로 문제를 해결하도록 노력하자. 성공적인 대화에는 연약함은 도와주고 부족함은 채워주고 허물은 덮어주는 배려의 마음이 있어야 하고, 좋은 점은 칭찬해주고 능력은 인정해주는 열린 마음이 있어야 한다. 그러나 대화로 해결키 어려운 일도 있을 수 있다. 그런 경우에는 글로써 해결할 수도 있고, 말과 글로써 풀 수 없는 경우에는 행동으로, 솔선수범으로 해결하는 것이 효과적이라 생각한다.

도시락이나 책가방 속에 들어 있는 엄마의 애정 어린 편지 한 장, 밤

늘게 들어온 딸아이가 본 아빠의 눈물은 천 마디의 말보다 더 큰 감동을 주는 것이다. 자녀의 바람직한 행동에 대한 부모의 미소가 잘했다고 말로만 하는 칭찬보다 더 효과적인 경우도 있음을 생각하자.

05

칭찬과 유머 그리고 행복

자녀는 어떤 일을 열심히 하여 부모로부터 칭찬을 받으면 기분이 좋아서 그 일을 또 하게 되고 좋아서 하다보면 즐거움 속에 성취의 순간을 갖게 된다. 성공하여 행복한 것이 아니라 행복하기에 성공한다는 말이 있다. 성공만을 향하여 달리는 자는 성공의 정점에서 만족치 못하고 또 다른 성공을 향하기 때문에 행복을 모르는 완벽주의의 삶을 살아간다. 어떤 일에 최선을 다하면서 열심히 살아가는 사람은 그 일이 즐겁고 행복하기에 성공하는 삶을 살아가게 되는 것이다.

요즈음 부모는 자녀들의 내일의 행복한 삶을 위한다며 그들로부터 오늘의 행복을 빼앗고 있다. 칭찬만 많이 하면 동기가 유발되어 기쁜 마음으로 공부할 것이라는 착각에서 살아가는 부모가 많다. 칭찬을 들으면 쾌락의 신경 물질이 솟아나 즐거움을 느끼는 것은 사실이다.

그러나 칭찬은 누가, 언제, 어디서, 어떻게 하느냐에 따라 다른 반응을 나타내게 되는 것이다. 마음에 없는 가식적인 칭찬, 무조건적인 소나기 칭찬, 기분이 상해 있는데 무조건 웃기기 위해 던지는 칭찬, 때와 장소를 가리지 않고 던지는 칭찬은 자녀에게서 즐거운 감동을 오히려 빼앗아간다.

자녀들의 생활에 즐거움과 활력을 주는 것으로는 유머도 있다. 칭찬은 자녀가 행한 일을 대상으로 하지만, 유머는 자녀의 기분을 긍정적으로 만드는 데 사용하는 언어 매체이다. 남의 유머를 듣고 웃고 즐길 수 있고 또 내가 유머로 남을 즐겁게, 행복하게 할 수 있는 유머 기법을 기르는 것도 필요하다.

같은 유머도 남들을 즐겁게 하는 사람이 있는가 하면 그렇지 못하는 사람도 있다. 유머를 잘하기 위해서는 유머를 표현할 수 있는 기회를 자주 가져야 한다. 재미있는 유머는 들을 때뿐 남에게 이야기해보려면 생각나지 않는 경우가 허다하다. 유머를 잘하기 위해서는 유머를 듣는 기회를 자주 가져야 하고 그것을 메모도 하고 암기도 하여 기회 있을 때마다 다른 사람에게 이야기해봐야 한다. 처음엔 어색하고 남들이 웃지 않는 경우도 있으나 자주 이야기하다보면 남을 즐겁게 할 수 있는 요령을 터득하게 되는 것이다.

인간의 두뇌에는 다른 사람의 미소와 웃음만을 감지하는 거울 뉴런(mirror neurons)이 있고, 상대방의 반응에 빨리 대응하는 방추세포와 다른 사람의 행동에 언제 어떻게 대응할지를 통제하는 기능을 가진 오실레이터 세포가 있다고 한다. 다른 사람의 즐거운 표정이나 행동을 거울에 비추듯 나의 뇌세포에서 감지하는 거울 뉴런을 생각하면 나의 표정이나 행동을 어떻게 해야 할지를 알 수 있을 것이다.

유머를 듣고도 즐거워하지 않는 사람이 있다. 야구 경기장에서 타자가 홈런을 친 경우 다른 관중들은 일어나 환호성을 지르는데 골든박스에서 멍하니 앉아 있는 사람, 강사가 재미있는 이야기를 했을 때 남들은 웃는데도 무표정으로 앉아 있는 사람, 관광버스 안내원의 재미있는 이야기에도 반응하지 않는 사람을 EnQ(유머 지수)가 낮고 CQ(시체 지수)가 높은 사람이라 한다.

미래 사회를 살아갈 자녀들에게는 EnQ를 높이고 CQ를 낮춰서 살아가는 지혜를 가르쳐야 한다. 그러기 위해서는 어려서부터 매사에 긍정적인 사고를 하도록 하는 습관을 길러주어야 한다. 잘못된 일을 남의 탓으로만 돌리는 사람이 되지 않아야 하고, 남들이 하기 싫은 일을 기꺼이 행하여 모두를 즐겁게 해주는 낙천주의자(optimist)가 되도록 가르쳐야 한다. 공자는 "知之者不如好之者 好之者不如樂之者"라고 했다. 아는 자는 좋아하는 자만 못하고 좋아하는 자는 즐기는 자만 못하다는 이야기다. 자녀들에게 어려서부터 삶을 즐길 줄 아는 지혜를 갖도록 해주자. 그러기 위해서는 부모 자신부터 인생을 즐기는, 생활을 즐기는, 일을 즐기는 모습을 보여주어야 할 것이다.

역사적으로 볼 때 위대한 사람들은 EnQ가 높은 사람들이었다. 처칠이 화장실에 갔을 때 정적 애틀리가 "당신은 내가 두렵소?"라고 하자 "당신은 큰 것만 보면 국유화하려 하지 않소"라고 답했다는 이야기나, 30분 늦게 회의장에 나타나서는 "예쁜 부인과 살면 아침 일찍 일어날 수가 없다오. 다음부터는 회의가 있는 전날 밤에는 각방을 써야겠소"라며 어색한 분위기를 누그러뜨렸다고 한다. 링컨은 "당신은 두 얼굴을 가진 사람이다"라는 말을 듣고 "내가 두 얼굴을 가졌으면 좋겠소. 그렇다면 오늘과 같은 못난 얼굴로 나오지 않았을 터인데"라고 답변했다고 한다.

자녀들은 부모로부터 칭찬만 듣는 것이 아니고 가끔은 꾸중을 듣는 경우가 있다. 부모로부터 질책을 당할 때 부모에게 성난 표정을 보인다든지 반항적 행동으로 부모의 마음을 상하게 해서는 안 됨을 가르쳐야 한다. 그런 경우 유머로 부모의 기분을 상하지 않게, 오히려 부모가 웃을 수 있게 할 수 있는 자녀가 되게 하자. 대화에는 유머가 빠질 수 없다. 상대방의 칭찬이나 질책을 유머로 대응하여 상대방을 즐겁게 하고 자기도 즐거움을 느끼는 대화 기법을 자녀에게 가르치자.

유머는 직관적 사고에서 튀어나오는 언어이다. 상대와 분위기에 맞는, 적시적소에 필요한 유머는 누구에게나 즐거움을 안겨다주는 행복의 DNA임을 생각하자.

칭찬을 받으면 인간은 행복해질까? 행복만을 느끼고 자란 자녀의 미래의 삶은 어떨까? 한 번쯤 생각해볼 일이다. 부모의 보살핌 속에서 배불리 먹고, 하고 싶은 대로 하고, 사랑만 받고 자란 자녀는 유아적 의존성만 길러져 힘든 삶을 살아가게 된다. 어려서 부모의 관심을 갖기 위해 울고 부모가 안아주면 웃으면서 자녀들은 부모 조종법을 배우고 부모로부터 인정받을 행동만을 한다.

행복이란 줄에 매단 애견이 아니고 어깨 위에 앉아 있는 매와 같다는 말이 있다. 영원한 행복은 책이나 드라마, 꿈속에 존재하는 것이다. 행복은 찾아 헤매다보면 언젠가 오는 것이 아니고 뇌가 행복을 느끼는 지금 이 순간에 찾아오는 것이다.

우리는 행복한 가정을 이루기 위해서 결혼을 한다고 한다. 결혼하여 부부가 서로 사랑하고 살면 행복할 것이라 생각하나 행복은 둘만의 것이 아닌 우리의 것임을 생각해야 한다. 부모가, 형제자매가, 이웃이 행복해야 내 가정이 행복한 것이다. 나만의 행복, 부부만의 행복을 찾지 말고 우리의 행복을 찾는 것이 중요함을 자녀에게 가르치자.

행복은 베푸는 삶에서도 찾을 수 있다. 가난하고 어렵게 사는 사람에게 물질적인 도움을 주는 것도, 배움을 갈망하는 청소년들에게 배울 수 있는 기회를 제공하는 것도, 자기가 가지고 있는 지식과 정보를 필요한 사람에게 제공하는 일도, 재미있는 이야기로 상대를 즐겁게 하는 일도 행복감으로 이어짐을 가르치자. 그리하여 행복을 나만의 삶보다는 우리의 삶에서 찾아 더불어 사는 사회를 만들도록 하자.

제5부

암기하지 마라

암기하지 마라

01

암기와 학습

학교에서나 가정에서 암기는 나쁜 학습 방법으로 이야기되고 있다. 그러나 배운다, 공부한다, 학습한다의 의미를 외부로부터 어떤 정보를 받아들여 그것을 장기 기억에 저장시키는 과정이라 정의할 때 암기의 의미를 살펴볼 필요가 있다.

암기 없는 학습 없고 학습 없는 기억 없다는 말이 있다. 이해가 따르지 않는 단순 암기는 나쁘겠지만, 이해를 통한 암기는 학습의 기본인 것이다. 학습은 이해와 암기를 통해 이루어지고 그 정보는 장기 기억으로 저장되는 것이다.

암기는 녹음 기능을, 기억은 경험한 것을 의식 속에 지니거나 다시 생각해내는 재생 기능을 한다고 말할 수 있다. 그러므로 암기를 학습에 부정적 의미로만 받아들이는 것은 잘못된 것이다.

사과를 보면서 붉다, 매끄럽다, 새콤달콤하다 등 그 특성을 순간적으로 알 수 있는 것은 사과의 특성이 암기를 통해 뇌에 들어와 장기 기억으로 저장되어 있기 때문이다. 시각 중추인 후두엽, 청각·미각·후각 중추인 측두엽, 촉각·공간 지각 중추인 두정엽을 통해 들어온 사과에 대한 정보는 측두엽에 있는 해마에 의해 단기 기억과 장기 기억의 판단을 거쳐 필요한 정보는 장기 기억으로 저장되는 것이다.

뇌에 들어온 정보는 순간 기억, 감각 기억은 1~2초간, 단기 기억은 20~30초간의 시간을 거쳐 해마에 의해 장기 기억으로 남게 된다. 이 경우 해마는 보고 듣고 만지고 느끼는 모든 것을 기억으로 저장하지 않고 중요하다고 생각하는 것만 저장한다. 뇌에 들어온 정보는 뇌 속에 지득된 정보가 많을수록 장기 기억화 되기가 쉽다. 이탈리아 피렌체에 있는 산타마리아 델 피오레 성당의 돔을 올린 건축가는 브루넬레스키라는 말을 듣는 순간 푸른, 날래, 스키라는 단어가 장기 기억 속에 이미 있는 경우는 쉽게 그 이름이 기억되나, 그렇지 않은 경우는 브루넬레스키라는 이름은 순간 기억으로 뇌에 머물다가 사라지는 것이다.

그러나 순간적으로 한 번 생각했고 느꼈던 것이 뇌의 장기 기억 속에 흔적으로 남았다가 다시 떠오르는 경우도 있다. 한 번 들은 단어나 문장, 이름, 이야기가 어느 날 갑자기 생각나는 경우이다. 이 같은 순간 기억, 감각 기억이 장기 기억화 되는 것은 놀랍고 흥미로운, 정서적으로 강렬한 경험을 했을 때가 대부분이다.

　책을 읽고 강의를 듣는다고 해서 그 내용이 모두 다 뇌에 들어오는 것은 아니다. 이해하고 암기하는 노력에 의해 그들 정보는 뇌에 들어와 장기 기억으로 남게 되는 것이다.

원칙 없는 정치

노동 없는 부

양심 없는 쾌락

인격 없는 교육

도덕성 없는 상업

인간성 없는 과학

희생 없는 종교

　이 내용을 한 번 읽고 쉽게 기억해낼 수 있을까? 한 번 읽고 기억해낸다는 것은 쉬운 일이 아니다. 기억 지능이 높은 자가 아닌 보통의 기억 지능을 가진 사람은 암기를 위한 노력이 있어야 한다. 계속 읽는 것만으로는 기억으로 남기 어렵다. 기록과 이해를 반복하고, 다양한 암기 기법을 활용하는 과정에서 이 내용은 장기 기억으로 남게 되는 것이다.

　학습력이란 장기 기억된 지식을 사고의 중추, 뇌의 CEO인 전두엽의 지시에 의해 재생해내는 능력이라 할 수 있다. 암기와 이해는 떼어서 생각할 수 없고, 학습은 암기에 의해 이루어짐을 생각하자. 무조건 암기는 학습에 도움이 되지 않고 장기 기억으로 남기도 어렵다. 이해를 통한 암기만이 학습력을 높이는 원동력임을 생각하자.

02

憶者必勝

현대인은 사각형을 접하면서 주로 視(보고), 聽(듣고)의 생활에 익숙해져가고 있다. 휴대폰, TV, 컴퓨터 모니터, 내비게이션 등 IT 기기는 우리에게 주로 보고 듣는 것으로 만족함을 느끼게 한다. 사각형의 세상은 정보를 뇌에 저장할 필요가 없는 사회를 만들어, 사고 능력이나 지적 호기심을 빼앗아가고 있다.

공자는 배움을 生知, 學知, 困知로 이야기했다. 오늘의 교육은 生知와 學知만 있고, 困知는 사라지는 것 같아 걱정이다. 학교에서의 수업도 주로 영상 매체를 이용한 학습으로, 학생들은 학습과제를 주로 듣고 보는 것으로 끝나고 있는 것이다. 순간적으로 바뀌는 영상은 동기 유발에는 도움이 될지 모르나, 두뇌 속에 감각 기억, 순간 기억으로 남았다가 사라질 가능성이 많은 학습 방법이다.

자녀의 학습력을 기르기 위해서는 SSLARNT(Smile(S), Sit up(S),

Listen(L), Ask question(A), Record(R), Nod(N), Track(T))를 생각하자. 미소 짓고, 단정한 자세로 귀 기울이며 집중하고, 모르는 것, 이해 못하는 것은 용감히 질문하고, 노트에 기록하며, 이해하고, 뇌에 흔적을 남기는, 즉 기억하는 행위의 실천은 학습력 증진의 원동력이 되는 것이다. 요즈음 자녀들은 너무나 보고 듣는 학습에 익숙해져 있다. "視聽者는 必敗요 錄者는 生存하며 憶者는 必勝이라"고 나는 생각한다. 보고 듣기만 하는 자는 반드시 패하고, 기록하는 자는 살아남으나, 오직 기억하는 자만이 반드시 승리할 수 있다는 것이다.

이제 자녀들에게 학습장을 사주고 기록케 하자. 서울대 합격생 100명에게 공부 방법을 물었을 때 대부분의 학생이 머리로 공부한 것이 아니고 노트로 공부했다고 답했다고 한다.

우리가 가장 믿을 수 있는 증거는 기록물이고, 기록은 기억의 기본임을 생각하자. 책을 읽을 때도 그저 읽고 넘어가면 그 정보들은 장기 기억으로 남는 것 없이 사라진다. 그러나 노트에 요점을 기록하는 독서는 기록하는 과정에서 기억이 되고 다음에 다시 반복하여 봄으로써 쉽게 잊히지 않는 기억으로 남게 되는 것이다.

기억은 믿을 수 없으나 기록은 믿을 수 있다는 말이 있다. 즉 기억하고 있는 정보가 반드시 정확하다고는 할 수 없다는 말이다. 공부 잘하는 학생의 교과서에는 많은 메모가 기록되어 있음을 볼 수가 있다. 중요한 요점, 자주 틀리는 내용, 다른 참고서 내용 등을 붉은 펜, 초록 펜,

노랑 펜 등으로 표시하는 것은 학습력 증진에 크게 도움이 되는 것이다. 공부를 안 하는 학생일수록 교과서가 깨끗하고 노트에는 메모가 없다. 자녀에게 책이나 노트에 메모하는 습관을 갖게 하자.

정부는 앞으로 국가경쟁력 세계 10위 진입을 목표로 하고 있고 그 목표 달성을 위해 SMART 교육 활성화를 추진하고 있다.

SMART란

S - Self directed, 자기주도 학습

M - Motivated, 흥미로운, 동기유발

A - Adaptive, 적성에 적합한

R - Resource enriched, 풍부한 자료

T - Technology, 정보통신기술을 의미한다.

정보통신기술에 의해 학습자에게 풍부한 자료를 제공하여 동기를 유발하고 개인에 적합한 자기 주도적 학습력을 기르는 것이 SMART 교육이다.

SMART 교육은 교사의 설명, 칠판과 분필, 종이 교과서, 노트와 같은 오프라인 매체는 사라지고 태블릿 PC, IPTV, 전자칠판, 스마트폰 등 온라인 매체에 의한 학습시대를 예고하고 있다. 참고서나 문제집의 정보를 담고 있는 디지털 교과서의 출현은 음악, 고화질 사진, 동영상 자료, 애니메이션 등 생생한 멀티미디어 자료를 제공함으로써 자녀들의 학습에 큰 변화를 가져오게 될 것이다.

정보통신의 발달은 미래 가정과 학교 교육의 새로운 변화를 예고하고 있으나 교육의 본질적 목적이나 인간의 뇌 기능이나 잠재적 능력 개발에 비추어볼 때 문제도 있음을 생각해야 한다. 교육이란 인간과 인간의 만남에 의해 이루어지는 것이고, 학습이란 정보를 기록하고 두뇌에 지식으로 저장하는 행위이기 때문이다.

가정환경이나 학교교육 환경이 디지털화될 때 편리함은 있을 수 있으나 인간의 본질적 삶에는 문제가 있음을 생각해야 한다. SMART 교육은 미래 교육방법으로 필요한 교육방법이나 대화와 기록, 전자파, 시력, 기기 구입 비용 등의 문제 및 창의성이나 인성교육에 많은 문제가 있다. 온라인 매체를 이용하면 다양한 정보에 접할 수 있으나 학습 결과가 기기 속에 저장되기 때문에 부모가 자녀의 학습 상황을 점검하기가 어려운 단점도 있다. 종이책이나 노트 같은 오프라인 자료는 쉽게 확인이 되나 디지털 자료는 확인이 쉽지 않음을 생각해봐야 한다.

IT 기기를 이용해 정보를 쉽고 빠르게 찾아서 활용하는 것도 필요하지만 필요한 정보를 읽고 기록하고 이해하고 머릿속에 기억해두는 자가 필승할 수 있음을 알자. 그리고 요즈음 수능이 쉽게 출제되어 변별력이 약해지는 이유로 논술고사가 중요하게 부각되고 있다. 초등학교 때부터 책을 많이 읽고 일기를 쓰게 하는 것이 논술 대비의 지름길이라 생각한다. 어려서부터 일기를 쓰게 하면 첨삭 지도 없이도 시간이 흐르면 논리적으로 자기의 생각을 표현할 수 있는 능력이 길러지는 것이다. 자녀의 일기를 읽어보려 하지는 말고 일기를 쓰는지 안 쓰는지만 확인하는 지도로도 논술을 위한 사교육비의 절감을 가져올 것이다.

수능이 끝나면 논술학원에 가거나 학교에서도 논술 지도에 열을 올리고 있다. 그러나 논술력은 짧은 시간에 길러지는 것이 아니다. 요즈음 대학 입시에 출제되는 논술은 매우 어려워 논술을 지도하는 교사도 힘들다고 한다. 특히 자연과학 논술은 가르칠 수 없다고도 한다. 요즈음 논술은 통합적 교과 능력을 테스트하기 때문에 화학, 물리, 생물, 지구과학 등을 함께 지도할 수 있는 교사는 없다. 학교에서나 학원에서 지도하는 논술은 인문사회과학 논술이 대부분이다.

오늘날 대학에서 출제하는 논술 문제는 책을 읽지 않으면 쓸 수가 없다. A 대학의 몇 년 전 논술 문제를 예로 들어본다.

세월이 흘러가며 드는 욕망의 변화를 제시문 논거를 바탕으로 논술하라(1800자).

제시문

(가) 이명한 〈백주집〉

(나) 〈구약성서〉 전도서 2 : 18~23

(다) 아리스토텔레스 〈수사학〉

(라) 티치아노 〈인간의 세시기〉(서양화)

(마) 예이츠 〈나이 들면 철이 드는 법〉

위의 문제를 논리적으로 쓸 수 있으려면 평소에 독서 내공의 힘을 길러야 한다. 수능이 끝난 후 짧은 시간에 논술을 대비한다는 것은 이상에 불과한 것이다. 논술에 대비하기 위해서는 독서를 통해 사고력, 분석력, 비판력을 길러야 하나 오늘의 학교 현장은 독서할 시간을 주지 않고 있다.

대입 논술 대비는 초등학교 때부터 글을 읽고 일기를 쓰게 하는 것이다. 나는 중학교 때부터 대학까지 하루도 빼지 않고 일기를 썼다. 책을 읽을 때는 반드시 메모를 하고 그것을 반복하여 다시 보는 습관을 갖고 생활했다. 지금도 새벽 3시 30분경에 기상하여 신간을 읽으면서 노트에 요점을 기록하고 그 내용을 반복하여 읽고 암기하고 있다. 칼럼을 쓰고 강의 원고, 책 원고를 쓸 때 가장 중요한 것은 읽어서, 경험에서 얻은 머릿속에 있는 지식과 정보를 다시 재편집하여 내 것으로 만든 다음 그것을 내뱉는 것이다. 찾아보는 정보와 기억하는 지식을 기반으로 해서 내가 만든 지식을 기록으로 남기는 것이다. 지금 이 글도 내 머릿속에 저장된 지식을 바탕으로 쓰고 있는 것이다.

어린 시절 일기를 쓰며 느낀 것은 내가 쓴 일기를 남이 볼 것 같은 두려움이었다. 일기는 자기의 생각을 마음껏 써야 하는데 누군가가 볼 수 있다는 두려움이 있는 경우에는 정직성이 결여된 일기로 변질될 우려도 있고 생각을 자유롭게 표현할 수도 없는 것이다.

면접 대비는 독서요, 논술 대비는 독서와 일기 쓰기임을 기억하자.

독서 기록과 일기 쓰기를 같이 할 때 상승 효과를 얻을 수 있고, 기록은 결국 기억으로 이어져 필승의 영광을 얻게 될 것이다. 그러나 책을 많이 읽고 많은 정보를 갖고 있다고 면접에 잘 응하는 것은 아니다. 대입 면접을 위해 고3을 대상으로 모의면접을 해본 적이 있다. 학교에서 1, 2등을 하는 학생이 모의면접에서 물음에 답을 못하고 머뭇거리고 평소에 말을 잘하던 학생이 논리적으로 말을 못하는 경우가 있었다.

대학을 나와 처음 교단에 설 때 설렘과 두려움에 하고 싶은 말이 생각나지 않아 힘들었던 경험을 많은 교사는 갖고 있다. 남 앞에서 자기의 생각을 이야기한다는 것은 쉬운 일이 아니다. 특히 시험관 앞에서 그들의 물음에 답하는 것은 쉽지 않다. 긴장하면 할수록 아는 것도 생각나지 않게 된다. 앞으로 대학 입시에 심층면접이 더욱 강조될 것에 대비하여 자녀에게 용기와 담력, 도전정신을 기르는 체험학습을 하게 하자.

면접에 대비하기 위해서는 먼저 많은 지식과 정보가 머릿속에 저장되어 있어야 한다. 보고 듣고 기록하는 것으로는 면접관의 질문에 답할 수가 없다. 다양한 정보에 많이 접하고 그것을 두뇌 속에 저장하여 기억해내고, 그리고 남 앞에서 두려움 없이 자기가 알고 있는 지식을 이야기할 수 있는 용기와 대담성을 길러야 한다. 視聽에 錄憶이 같이 하는 視聽錄憶覺 학습이 중요함을 생각하자.

03

기억 방법

한 번 읽고 듣고 보고 느낀 것을 오랫동안 기억한다는 것은 쉬운 일이 아니다. 에빙하우스는 무의미 철자를 이용하여 학습 후 시간이 경과함에 따라 망각이 진행되는 정도를 관찰한 결과, 망각률이 1시간 후에는 55.8퍼센트, 1일 후에는 66.3퍼센트, 1주일 후에는 74.6퍼센트, 1개월 후에는 78.9퍼센트라고 발표했다. 학습 후 망각은 급속도로 진행되나 1주일 후부터는 서서히 진행된다는 것이다.

기억의 천재 킴 피크나 미국 여성 질 프라이스, 스티븐 월트셔, 모스크바 신문기자인 솔로몬 세레세프스키 같은 사람들은 무서운 기억력을 갖고 있으나, KQ(Knowledge Quotient), 즉 지식 지능만 높을 뿐 정상적인 인간이 갖고 있는 뇌 구조를 갖지 못했다.

인간의 두뇌는 0~8세 사이에 폭발적으로 발달하는데, 기억력은 만 2세(24개월)가 지나야 생기기 시작하고 12~17세에 절정에 달한다고 한다. 1970년대까지는 인간이 나이가 들면 뇌도 기억력도 늙어간다는 이론이 지배적이었지만, 오늘날에는 신체를 단련하면 근육이 커지듯 뇌의 인지 능력도 활성화되고 뇌세포도 생성될 수 있다는 것이 밝혀졌다.

인간이 보통 한 번 듣고 기억해낼 수 있는 숫자의 수는 7±2자리까지이다. 그러나 노력하면 수십 자리 숫자도 기억할 수 있다. 인간의 인지 능력은 훈련과 연습, 반복에 의해 향상시킬 수 있기 때문에 기억하는 방법을 자녀에게 가르쳐주는 부모의 노력이 필요하다.

인간의 뇌는 반복, 소리, 그림, 노래, 이야기를 좋아한다. 뇌가 좋아하는 기억의 방법에 맥락과 연상법을 가미할 때 외부의 정보는 더욱 빨리, 분명히, 많이 뇌에 저장되게 된다.

첫째, 기억에는 반복이 중요하다. 가끔 자동차를 주차해놓고 나서 차문을 잠갔는지 잘 기억나지 않거나 외출하며 전등을 안 끄고 나온 것 같아 다시 집으로 들어가 확인했던 경험이 있을 것이다. 차 문을 잠그고 전등을 끄는 단순 행동은 뇌에 순간의 기억으로 들어왔다가 금방 사라지기 때문에 기억이 안 나는 것이다. 이는 나이가 들어서도 아니고 건망증이나 치매 때문도 아니다. 우리의 뇌는 순간의 기억은 쉽게 사라지게 되어 있다. 특히 습관화된 행동은 잠재의식 속으로 들어가 쉽게 현재 의식으로 나오지 않기 때문인 것이다. 이런 경우 단기 기억 시간인 20~30초만 반복하여 생각하면 이 기억은 장기 기억으로 들어가 전두엽의 명령에 그때 일을 기억해낼 수 있다. 차 문을 잠근다, 옆에 어떤 사람이 지나가고 있다, 손이 시리다 등과 같은 주위 상황과 함께 반복하고 나면 망각을 방지할 수 있다.

나는 본태성 혈압으로 혈압약을 상복하고 있다. 매일 아침식사 후 혈압약을 먹는데, 가끔 먹었는지 안 먹었는지 생각나지 않아 고민하는 경우가 있다. 매일 똑같은 행동을 반복하기 때문에 습관이 되어 그 행동이 잠재의식 속으로 들어가버리기 때문이다. '지금 혈압약을 먹는다, 물은 식탁 위 유리컵으로, 찬물로 먹는다, 컵 옆에는 사과가 1개 있다 ……' 등 그 상황을 보면서 '나는 지금 혈압약을 먹는다'를 반복하면 시간이 지난 후에도 혈압약을 먹은 기억이 뚜렷이 나타나는 것이다. 망각을 방지하려면 20~30초 동안의 반복이 필요하다.

학습이 끝나고 10분 후 반복하면 1일간, 1일 후 반복하면 1주일간, 1주일 후 반복하면 1개월간, 1개월 후 반복하면 6개월간 기억이 지속된다고 한다. 물론 사람에 따라 다르겠지만 기억을 오래 지속하기 위해서는 반복 학습이 가장 좋은 방법임을 생각하자.

둘째, 뇌는 그림을 좋아한다. 인간이 갖고 있는 오감 중 시각이 기억에 가장 큰 영향을 미친다. 학습과제를 그림으로 보여주는 경우와 글씨로 보여주는 경우 학습 효과는 다르다. 과일 이름을 글씨로 쓴 것과 사진으로 보여주는 경우를 생각해보자.

다음의 글씨를 30초간 본 다음 과일 이름을 이야기해보자. 그리고 그 아래 사진을 본 다음 과일 이름을 이야기해보자.

어떤 경우에 더 잘 기억할 수 있는가? 글자로만 채워진 ppt 내용을 스크린에 비춰주는 경우 인간의 뇌는 글씨를 그림으로 인식하기 때문에 학습에 좋은 효과를 기대할 수가 없다. ppt 프레젠테이션의 함정을 생각해야 한다. 옛날 찍은 사진을 보면 언제 촬영했고 어떻게 모여 촬영했는지를 기억한다. 그러나 과거의 이야기, 어린 시절의 이야기를 들으면 그때의 일이 쉽게 기억나지는 않는다. 뇌는 그림을 좋아하므로 가능하면 사진이나 그림, 동영상 매체를 사용하여 학습케 하자.

셋째, 뇌는 이야기를 좋아한다. '가지, 고추, 마늘, 사과, 김, 붕대, 고구마, 우유, 토마토'를 3초간 들려주고 바로 시험을 본다면 몇 단어나 쓸 수 있겠는가? 인간은 순간 기억 가능 숫자나 단어가 7±2개이므로 암기를 잘하는 사람은 전부를 기억하여 쓸 수 있으나, 실제로 강의를 하면서 물어본 결과 잘하는 사람이 7개, 보통 5개 정도의 답을 하는 것으로 나타났다. 1시간 후 다시 단어를 써보라면 기억의 양은 훨씬 줄어들게 된다. 어떻게 하면 이 단어들을 다 오래도록 암기할 수 있을까?

이야기를 만들어 그 상황을 현실과 같이 상상하는 과정을 거치면 이 단어들은 장기 기억으로 저장되어 쉽게 사라지지 않는다. '심부름값을 많이 받아 고마(고추, 마늘)운 마음을 갖고 사과밭을 뛰어가다가 가지에 걸려 고구마밭에 넘어져 팔을 삐었다. 마침 그곳에서 김을 매던 아주머니가 붕대를 감아주고 우유에 토마토를 섞어 만든 음료수를 주어 마셨다.' 이 같은 이야기는 누구나 자기 나름대로 만들 수가 있는 것이다.

여러 단어들을 자기가 어린 시절에 살았던 집을 상상하면서 그 집안 공간에 하나씩 놓는 방법도 있다. 헛간에 쌀 한 가마를 놓아두고 현관을 들어와 신발장에 양말을 놓고 거실 의자에 가방을 놓는다. 식탁 위에 감과 사과를 놓아두고 냉장고에 요구르트를 넣은 다음 공부방에 들어와 책상 위에 볼펜을 놓는다. 어린 시절 집 구조를 생각하면서 상상으로 물건을 하나씩 놓게 되는 이 같은 이야기는 한 번의 암기로 쉽게 7개의 단어를 기억해낼 수 있는 것이다.

π값을 20자리까지 기억할 수 있는가? π= 3.1415926535897932384을 단순 암기로는 기억할 수 없다. 이런 경우 이야기를 만들면 쉽고 빠

르게 오래 기억할 수 있다. 나는 수업시간에 학생들에게 π값을 암기하는 방법을 가르치기도 했다. 먼저 π값 20자리를 칠판에 쓰는 것이다. π= 3.1415926535897932384을 본 학생들은 내가 쓴 숫자를 믿지 못하며 반신반의하는 것이다. 이때 칠판 다른 곳에 다시 π값 20자리를 쓰면 "와!" 하면서 어떻게 그 숫자를 암기하는지 궁금해 한다. '우리 선생님 머리 좋다' 고 생각하는 학생이 대부분이다. 그러나 π값 20자리를 암기하는 것은 어렵지 않다. '3.14 한다구(159) 들어오세오(253). 팔구칠구(8979) 셋이서(323) 팔내(84) 합시다' 로 외우면 된다. 잘 외워지지 않는 학습과제는 암기 기법을 사용하면 쉽게 암기하여 기억해낼 수가 있다. 내가 교단에서 π값을 가르친 것이 30년이 넘었는데도 π값 20자리를 외우고 있는 것은 이야기로 만들어 암기했기 때문이다.

요즈음은 학교에서나 가정에서 기억법을 전혀 가르치지 않는다. 스스로 기억하는 방법을 터득하는 것도 좋지만 부모는 자녀에게 잘 외워지지 않는, 반드시 암기해야 할 학습과제를 어떻게 외우면 쉽게 외울 수 있는지를 가르쳐주는 것도 좋을 것으로 생각한다.

넷째, 뇌는 소리와 노래를 좋아한다. 자녀들이 좋아하는 노래 가사에 암기할 학습과제의 단어를 넣어 노래를 부르게 하면 기억이 쉬워진다. 지능 지수가 비슷한 6~7세의 아동 90명을 3개 반으로 나누어 단어 8개를 기억하게 하는 실험이 있다. A반 30명에게는 검정 글씨를 보여주고, B반 30명에게는 잘 부르는 노래의 가사 대신 주어진 단어를 넣어 부르게 하고, C반 30명에게는 4초 간격으로 단어를 하나씩 읽어주었다. 그 결과 노래로 부른 B반이 가장 많은 단어를 기억했다. B반은 평균 4.2개, C반은 평균 3.0개, A반은 평균 3.1개를 기억했고, B반의 우수아는 7개를, A반과 C반의 우수아는 5~6개를 기억했다. 단어를 읽거나 들어서 암기하는 방법보다 노래로 학습한 아동이 더 많이 기억했음을 증명하는 실험 결과이다.

또한 글을 읽을 때 소리 내어 읽으면 그 소리가 다시 귀를 통해 뇌로 들어오기 때문에 학습 효과가 더 있는 것이다. 정독을 해야만이 이해가 잘 되는 자녀가 있는가 하면, 소리 내어 읽어야만이 이해가 더 잘 된다는 자녀도 있다. 개인의 성격에 따라 독서 방법이 다를 수 있으나, 환경이 허락한다면 소리 내어 읽으면서 책의 내용을 이해하는 것이 기억하는 데 더 효과적일 수 있음을 알자.

우리는 목소리에 별 관심을 두지 않고 살아간다. 목소리도 생활에 따라 변함을 생각하자. 평소 노래를 부르지 않으면 어느 날 노래방에 가서도 노래를 잘 부를 수가 없고, 이야기도 자주 하지 않으면 요령 있게 말하기가 힘든 것이다. 특히 나이 들고 이야기할 상대가 없는 사람은 목소리도 쉽게 늙게 되는 것이다. 소리 내어 책을 읽는 것은 기억에 도움이 될 뿐만 아니라 목소리를 늙지 않게 하는 데도 도움이 됨을 생각하자. 목소리를 아끼지 말고 소리 내어 읽고 소리 내어 노래도 부르고 가끔은 산에 올라 큰 소리로 '야호!'를 외쳐보자.

나는 차를 운전하면서 노래를 들으며 따라 부른다. 큰소리로 노래를 부르면 기분이 좋아진다. 스트레스도 풀리고 졸음도 오지 않는다. 차를 운전하며 어떤 생각을 깊이 하다가는 다른 길로 가기도 하고 고속도로에서는 들어갈 진입로를 놓치는 경우도 있으나 노래를 부르는 경우엔 그런 실수를 하지 않는다. 혼자 운전할 때 도로가 막혀 짜증이 나는 경우, 졸음이 오는 경우 노래를 불러보자.

다섯째, 뇌는 휴식을 좋아한다. 재미있는 책도 한참을 읽다보면 머리가 띵하고 눈이 침침해지는 경우가 있다. 특히 글을 쓴다든지 어려운 문제를 풀다보면 그런 현상이 자주, 강하게 일어난다. 뇌가 피로해서이다. 뇌도 신체의 근육과 같이 쉬어주어야 한다. 뇌는 산소와 영양분 그리고 휴식이 필요하다. 우리 몸에 있는 피의 20퍼센트를 사용하는 뇌에는 많은 산소와 영양분을 공급해줘야 한다. 하루에 한 번 정도, 힘들면 일주일에 3~4회 햇볕이 좋은 맑은 날 산이나 들, 시골길을 걷자.

요즈음 학생들은 과중한 학습 부담에 시간이 없다. 가능하면 걸어서 등하교를 하게 하자. 차를 타고 등교할 때는 한두 정거장 먼저 내려 걸어가는 것을 습관화하자. 아파트 계단을 걸어 오르고 지하철을 탈 때도 계단을 이용하자. 헬스를 하러 가면서 엘리베이터를 이용하고 건강을 염려하면서 지하철이나 백화점, 대형마트에서 에스컬레이터를 타는 사람이 대부분이다. 건강한 신체는 생활 속의 운동으로도 단련할 수 있다. 나는 7층 아파트에서 살고 내 사무실도 7층에 있다. 무거운

짐을 든 경우를 제외하고 나는 집과 사무실에 들어갈 때 계단을 이용한다. 하루에 집은 2번, 사무실은 4번 정도 오르내린다. 층으로 계산하면 집 14층, 사무실 28층, 계 42층을 매일 오른다. 계단 수로 계산하면 약 600개의 계단을 오르는 것이다. 13층 아파트에서 사는 경우 처음에는 자기 체력에 맞게 계단을 오르다 힘들면 나머지 층은 엘리베이터를 이용하는 것이 좋다. 내 경험에 비추어보면 7층 정도가 한 번에 오르기가 좋고 또 계단을 오를 때 5층까지는 약간 느리게 오르다가 6, 7층은 빠르게 오르면 약간 숨이 차며 심장박동이 빨라짐을 느낄 수 있다. 이때 심호흡을 하면서 약간 휴식을 취하면 기분이 상쾌해짐을 느낀다. 계단을 오르면 하체 단련뿐만 아니라 유산소 운동으로 인지 능력도 기르고 심폐 기능도 강화할 수 있는 것이다. 계단을 오르는 것은 등산에는 비유할 수 없으나 오늘날 바쁜 삶을 살아가는 현대인에게는 가장 좋은 생활운동 방법임을 생각하자.

자녀에게 적어도 하루에 30분 정도 걷는 운동을 하도록 하는 것이 좋을 것이다. 걸으면 피곤하고 학교에 가면 졸음이 올 것이라는 생각은 기우에 불과하다. 오히려 적당히 걸어다니는 경우 뇌의 인지 능력이 활성화되는 것이다. 그리고 아침밥을 꼭 먹도록 하자. 뇌의 영양소는 탄수화물이므로 밥을 먹어야 한다. 머리를 많이 사용하는 성인도 아침밥을 거르면 뇌 건강에 문제를 가져올 수가 있다. 헬스장이 쉬는 어느 일요일 새벽에 일찍 일어나서 아침밥은 우유와 과일로 때우고 점심시간까지 쉬지 않고 계속 글을 쓴 적이 있다. 1시 20분 지인 자녀의 결혼식에 참석키 위해 차를 운전하고 가는데 머리가 무거워지기 시작했고 식장에 가서 아는 사람을 만났는데 이야기하기가 싫어지는 것이었다. 두 뇌에 이상 증상이 나타난 것이다. 식당에 가서 뷔페 음식을 먹기 위해 차례를 기다리는 것도 너무 힘들고 식사 도중 앞에 앉은 후배가 말을 걸어오는데 답을 할 수 없을 정도로 머리가 멍하고 피로가 엄습해오는 것이었다. 이러다가 여기서 쓰러지지 않을까? 쓰러지면 어쩌지? 하는 생각이 왈칵 났다. 말을 할 수 없을 정도로, 수저를 들기가 힘들 정도의 위급한 상황을 느끼면서 먼저 콜라 한 병을 마셨다. 그러고 나서 후배가 가져다준 호박죽을 먹고 나니 그 증상이 조금씩 나아지는 것이었다. 음식을 먹고 난 후부터 그런 증상이 사라진 것이다. 나는 본태성 고혈압 때문에 혈압약만 먹을 뿐 다른 약은 먹지 않는다. 지난봄의 건강검진에서 PSA(전립선 특이 항원 수치)만 정상 이상으로 나온 것 이외는 모든 것이 정상으로 건강 판정을 받았었다. 이 날의 증상은 너무 뇌를 과하게 사용한 결과라 판단하고 그 후부터는 아침 식사 때 탄수화물이 든 음식, 특히 밥을 전보다 많이 먹고 휴식 시간을 자주 갖는 생활을 한다. 뇌는 충분한 영양분을 공급해주어야 하고 쉬어줘야 한다.

어느 날 아침밥을 간단히 먹고 산을 오르다 더 이상 걸을 수 없는 피로감을 느낀 적이 있다. 힘들게 내려와 점심식사를 하고 나니 그 피로감이 사라졌다. 나는 당뇨는 없지만 활동량에 비해 포도당 공급의 부족으로 혈당수치가 떨어진 증상인 것으로 생각되어 그 후부터는 가방에 사탕이나 초콜릿을 상시 갖고 다닌다.

공부를 하는 사람은 눈의 피로를 줄이기 위해서도 가끔씩 눈을 감는다든지 다른 곳이나 먼 곳을 보는 행동을 습관화하는 것이 좋다. 특히 컴퓨터나 스마트폰, 태블릿 PC 등을 자주 사용하는 자녀는 늘 건강에 관심을 가져야 한다. 전자기기는 시력 저하뿐만 아니라 눈을 깜빡거리지 않고 계속 집중하기 때문에 눈물샘에 이상이 생겨 눈 건조 증상이 나타나기도 하는 것이다. 책을 보거나 전자기기에 접할 때 명시거리를 유지하고 가끔 눈을 감기도 하고 잠깐 동안 먼 곳을 쳐다보며 눈의 휴식을 취하는 습관을 갖도록 하자.

그리고 뇌는 쉬는 동안 지득된 정보를 재편집하고 그런 과정에서 새로운 아이디어를 창출해낸다는 것도 잊지 말자. 특히 잠을 잘 때도 뇌는 쉬지 않고 활동한다. 잠은 8시간 이상 자야 한다고 하나, 일상생활하는 데 지장이 없으면 5시간을 자도 건강에는 지장이 없다. 하루에 반드시 8시간 잠을 자고, 매일 5컵 이상의 물을 마시며 만보 이상 걷는 것을 습관화하려는 것은 잘못된 것이라 생각한다. 생활에 어려움을 느끼지 않는다면 가능하면 각자 갖고 있는 자기의 생체 기능을 따르는 것이 좋다.

자녀들의 공부를 위해서는 많은 시간을 학습에 투여하는 것도 좋지만, 휴식과 운동도 중요함을 생각하자.

04

디지털 기기와 기억

노래방에 가지 않으면 노래를 부를 수 없고, 남의 휴대폰으로는 가족에게 전화를 못하고, 내비게이션 없이는 운전을 할 수 없고, 계산기 없이는 물건을 사고팔지도 못하는 사람이 점점 늘어나고 있다. 요즈음 이 같은 사람을 디지털 치매환자라 부른다.

우리나라 사람 10명 중 6명이 디지털 치매 증상을 보인다고 한다. 30세 이하의 영국인 3분의 1이 자기 집 전화번호를 기억 못하고, 성인 중 30퍼센트 이상이 직계가족 생일을 기억 못한다고 한다. 현대인은 대리 기억자인 디지털 기기에 의지하면서 살아간다. 그러나 디지털 기기에는 한계가 있다.

내비게이션이 친구 집은 찾아주나 그 친구가 무슨 일을 하고 있는지, 무슨 생각을 하는지는 알 수 없고, 스마트폰이 대신해서 수능시험을 치러주지 못하며, 자동차 키나 잃어버린 지갑을 찾아주지도 못한다. 사진을 보고 그 사람의 이름을 찾아줄 수도 없다.

지식 정보화 시대에 수많은 정보를 필요할 때 사용할 수 있기만 하면 된다는 생각으로 살아가는 사람이 많다. 그래서 시공간을 초월하여 정보를 찾아 활용하는 생활에 점점 익숙해지고 있다. 동사무소나 공공 기관에 가서 자기 이름 석 자의 한자가 생각나지 않아 한참을 생각해본 적은 없는가? 친구에게 편지를 쓰려는데 한두 줄 써놓고 그 이상 쓰지 못한 경험은 없는가? 이메일을 보내려 글을 쓰는데 첫머리부터 막혀 애를 태운 적은 없는가?

우리의 뇌는 사용치 않으면, 운동을 하지 않으면 근육이 퇴화되는 것과 같이 점점 퇴화된다. 정상적인 사람은 30, 40대 이후부터 뇌가 줄어들기 시작하여 일생 동안 5퍼센트가 줄어드나, 뇌를 사용치 않고 생활하는 사람은 20퍼센트까지 줄어든다고 한다.

뇌의 인지 능력을 활성화시키지 않으면 인간이 가장 두려워하는 치매라는 질병에 걸리게 된다. 치매에는 혈관성 치매, 뇌 장애성 치매, 알코올성 치매와 알츠하이머 치매가 있다. 치매란 뇌세포가 죽어서 뇌에 프라그와 섬유 매듭이 많아짐으로써 생기는 병이다. 그러나 뇌에 이 같은 물질이 많이 있어도 치매 현상이 나타나지 않는 사람도 있기 때문에 치매를 예방하고 치료하는 것에 어려움이 있는 것이다.

미국 켄터키대학교에서는 1986년부터 678명의 수녀를 대상으로 뇌의 노화를 연구했다. 그들은 정기적으로 수녀들의 기억력을 검사했다.

플래시카드를 보여주고 단어를 쓰게 하고 동물 이름, 식물 이름 등을 써보고 동전을 세어보게 했다. 죽을 때까지 가장 잘 기억한, 우수한 성적을 기록한 베르나데트라는 수녀는 85세까지 살았고 심장마비로 죽은 후 그녀의 뇌는 중증 치매환자 같은 치매 물질이 가득했으나 죽을 때까지 치매가 나타나지 않았다고 한다. 그 이유를 인지적 비축분이라는 뇌 보호막이 일반 치매환자와는 달리 그녀의 뇌를 보호하고 있었기 때문이라고 밝혔으나 아직은 완전히 신뢰할 수 있는 이론은 아니다. 그러나 그녀가 치매 중증환자의 뇌를 갖고도 치매 현상이 나타나지 않은 것은 일생 동안 책을 읽고 글을 쓰고 학교에서 학생을 가르치고 죽는 날까지 쉬지 않고 뇌를 활성화시키는 삶을 살았기 때문이다. 계속하여 인지 능력을 기르면 치매환자와 같은 뇌를 갖고 있어도 보호막이 생성되어 뇌세포를 보호하게 된다는 것이다. 그러기 위해서는 책을 읽고 글을 쓰며 토론하고 운동을 해야 한다.

나이 들어 휴대폰으로 송수신만 하는 사람을 디지털 외계인, 디지털 기기를 어느 정도 사용하는 사람은 디지털 이주민, 디지털 기기를 갖고 생활하는 사람을 디지털 원주민이라 부르고 있다. 현대인의 삶에 없어서는 안 될 디지털 기기가 인간의 인지 능력을 저하시키는 요인이 됨을 생각하고 자녀들의 디지털 기기 사용을 가능하면 억제하자.

디지털 기기는 편리한 만큼, 사용을 많이 하면 할수록 우리의 뇌는 망가지고 있는 것이다. 이제부터 전화를 할 때는 단축키를 사용하지 말고 전화번호를 외우자. 내비게이션을 버리고 지도를 보면서 길을 찾아가자. 노래 가사를 외워 모니터를 보지 않고 노래를 부르자. 시도 외워보고 좋은 문장도 외워보자.

치매를 예방하고 인지 능력을 기르기 위해서는 암기하고 기억하자. 유산소 운동을 하자. 그리고 토론하자. 요즈음엔 젊은 사람도 치매, 우울증을 앓는다고 한다. 젊어서부터 잘못된 생활 습관을 바꿔야 한다. 암기와 이해, 기억은 인지 능력을 기르는 가장 중요한 동력이다.

이제부터 자녀들에게 디지털 기기만을 믿지 말고 암기를 통해 뇌의 인지 능력을 기르게 하자. 암기를 통한 기억 없이는 서로간의 대화도 할 수 없다. 찾아보는 정보보다 기억하는 지식이 중요함을 생각하자.

우리나라 부모, 특히 우리 어머니들의 교육열은 대단하다. 일생동안 자신의 모든 것을 희생하며 자녀를 가르친다. 그러나 자녀는 부모의 기대만큼 자라주지 않는다. 우리나라 부모들은 자녀교육을 내가 아닌 다른 사람을 통해, 내 가정이 아닌 다른 곳에서 하려 한다.

학교와 학원에 보내면 자녀교육이 잘 될 것이라는 믿음을 갖고 살고 있다. 그러나 자녀들은 가정과 학교, 사회에 의해 교육되며 성장하는 것이다. 요즈음 부모들은 특히 사교육비 마련, 학교폭력 예방에 힘들어하고 있다. 그러나 학원에 보내는 목적이 무엇이며, 학교폭력이 왜 발생하는지를 깊이 있게 생각하는 부모는 많지 않다.

선진국에서는 18세가 되면 자녀를 독립시킨다. 정규 교육과정 후에는 다양한 체험활동으로 학교교육이 이루어진다. 우리나라는 영유아기부터 사교육을 시작하여 초·중·고로 가면서 그 강도가 더욱 높아진다. 우리나라 학생들은 학교에서는 정규 수업 외에 자율학습, 보충

학습을 하고, 학교가 끝난 후에는 사교육을 받기 위해 저녁 늦게까지 학원에서 공부한다. 가정에서 부모나 형제자매와 같이 앉아 식사할 기회도, 대화할 시간도 없이 그저 공부, 공부로 시간을 보내고 있다.

생각해보자. 학교 공부가, 학원 공부가 자녀의 미래를 보장해주고 행복한 삶을 살게 할까? 전문지식은 갖고 있으나 실용지식이 없어 직장생활이 힘들고 사업에 실패하는 사람이 많다. 일류 대학 출신보다 이삼류 대학 또는 대학을 나오지 않은 사람이 오히려 부모에 효도하고 사업에 성공하는 사례를 많이 본다. 그들은 삶에 필요한 실제적인 지식을 갖고 열심히 인간관계를 형성하며 살기 때문이다.

실용지식을 갖춘 사람은 EQ(감성지수), EnQ(유머지수)가 높은 사람이다. 상대의 마음을 읽고 그들과 잘 어울리며 살아가는 사람이 실용지식을 가진 사람이다. 의대를 졸업하고 병원을 개업하여 성공하는 사람, 자영업으로 시작하여 기업가로 성장한 사람은 학교에서의 우등생이 아니고 사회에서 요구하고 필요로 하는 실용지식을 갖춘 사람이다.

21세기를 살아갈 자녀에게는 실용지식을 가르쳐야 한다. 갖고 있는 매력을 살리고 친화력을 갖고 인간관계를 잘 관리하는 실용지식은 교육을 통해서 가능한 일이라 생각한다. 학교에서나 집에서 입시 준비 공부만 시키지 말고 사회적응 능력인 실용지식을 기르기 위한 다양한 교육활동의 기회를 갖게 하자.

교육의 본질적 목적은 사람다운 사람을 기르는 것이다. 生知, 學知, 困知에 用知를 더한 교육으로 지덕체기(知德體技)를 고루 갖춘 인간을 기르는 것이다.

자녀교육에 가장 중요한 곳은 가정이고 자녀에게 가장 필요한 교사는 부모임을 생각하자. 부모는 부모 자격증을 검증 없이 받아 자녀를 교육한다. 이제 가정교사로서의 전문성을 갖추고 자녀를 잘 가르치는 부모가 되자.

이 책은 가정교육의 함정을 알고 자녀를 좀 더 잘 가르치는 부모가 되기를 바라는 마음에서 쓴 것이다. 자녀교육에 대한 과거의 후회와 내일의 근심에서 벗어나 현재의 교육에 충실하자.

자녀는 부모의 사랑을 먹고 자란다는 말이 있다. 그러나 부모의 무차별적인 사랑, 무의도적인 칭찬, 책임 없는 자율이 자녀를 함정으로 끌고 감을 생각하자.

이제 우리 모두는 교육의 본질적 목적이 무엇이며, 그 목적을 달성할 수 있는 교육방법이 무엇인지를 찾아야 한다.

한 톨의 낟알에서 미래를 보고
한 송이 꽃을 보고 행복을 느끼며
책 속에서 세상을 보고
내 손 안에 우연을 붙잡자.

이 글을 마지막으로 부모님께 드린다. 이 글 속에서 교육의 목적과 방법을 찾아 훌륭한 자녀로 교육하기를 기대해본다.

참고문헌

김경집, ≪생각의 융합≫, 더숲, 2015.

김광희, ≪창의력에 미쳐라≫, 넥서스Biz, 2010.

김수영, ≪멈추지 마 다시 꿈부터 써봐≫, 웅진지식하우스, 2010.

김재헌, ≪강하게 키워라≫, 올림, 2008.

노경원, ≪생각 3.0≫, 엘도라도, 2010.

문용린, ≪EQ가 높으면 성공이 보인다≫, 글이랑, 1997.

신상훈, ≪유머가 이긴다≫, 쌤앤파커스, 2010.

심미혜, ≪미국 교육과 아메리칸 커피≫, 솔, 2001.

이민규, ≪끌리는 사람은 1%가 다르다≫, 더난출판, 2008.

이시형, ≪세로토닌하라!≫, 중앙books, 2010.

주삼환, ≪우리 교육 몸으로 가르치자≫, 대교출판사, 1998.

하영철, ≪아는 만큼 교육이 보인다≫, V.S.G Book, 2009.

한상복, ≪배려≫, 위즈덤하우스, 2006.

황용길, ≪부자 교육 가난한 교육≫, 조선일보사, 2001.

게르트 기거렌처, ≪생각이 직관에 묻다≫, 추수밭, 2009.

대니얼 네틀, ≪성격의 탄생≫, 와이즈북, 2010.

던컨 J. 와츠, ≪상식의 배반≫, 생각연구소, 2011.

도몬 후유지, ≪인간경영≫, 작가정신, 2000.

렌 피셔, ≪가위바위보≫, 추수밭, 2009.

로버트 루트번스타인·미셸 루트번스타인, ≪생각의 탄생≫, 에코의서재, 2007.

로버트 앤서니, ≪나를 믿는 긍정의 힘 자신감≫, 청림출판, 2010.

론다 번, ≪시크릿≫, 살림Biz, 2008.

루안 브리젠딘, ≪여자의 뇌, 여자의 발견≫, 리더스북, 2010.

리처드 니스벳, ≪생각의 지도≫, 김영사, 2009.

마이클 겔브, ≪위대한 생각의 발견≫, 추수밭, 2007.

말콤 글래드웰, ≪아웃라이어≫, 김영사, 2009.

모기 겐이치로, ≪업무 뇌≫, 브레인월드, 2010.

바버라 스트로치, ≪가장 뛰어난 중년의 뇌≫, 해나무, 2011.

슈테판 클라인, ≪다빈치의 인문공부≫, 웅진지식하우스, 2009.

슈테판 클라인, ≪시간의 놀라운 발견≫, 웅진지식하우스, 2009.

슈테판 클라인, ≪행복의 공식≫, 웅진지식하우스, 2009.

싱커 베단텀, ≪히든 브레인≫, 초록물고기, 2010.

아우구스토 쿠리, ≪생각의 심리학≫, 청림출판, 2010.

에드워드 드 보노, ≪생각의 공식≫, 더난출판, 2010.

월터 아이작슨, ≪아인슈타인 삶과 우주≫, 까치, 2007.

자카리 쇼어, ≪생각의 함정≫, 에코의서재, 2009.

잭 웰치, ≪끝없는 도전과 용기≫, 청림출판사, 2002.

제프 콜빈, ≪재능은 어떻게 단련되는가?≫, 부키, 2010.

조슈아 포어, ≪아인슈타인과 문워킹을≫, 이순, 2011.

존 메디나, ≪브레인 룰스≫, 프런티어, 2009.

츠키야마 타카시, ≪내 뇌 사용법≫, 봄풀, 2010.

크리스토퍼 차브리스·대니얼 사이먼스, ≪보이지 않는 고릴라≫, 김영사, 2011.

탈 벤-샤하르, ≪완벽의 추구≫, 위즈덤하우스, 2010.

토니 부잔, ≪생각의 지도 위에서 길을 찾다≫, 중앙books, 2008.

톰 버틀러 보던, ≪내 인생의 탐나는 심리학 50≫, 흐름출판, 2010.

EBS 〈기억력의 비밀〉 제작진, ≪EBS 다큐프라임 기억력의 비밀≫, 북폴리오, 2011.

마르쿠스 헹스트슐레거, ≪개성의 힘≫, 열린책들, 2012.

슈테판 클라인, ≪이타주의자가 지배한다≫, 웅진지식하우스, 2011.

에이미 추아, ≪타이거 마더≫, 민음사, 2011.

안데르스 에릭슨, 로버트 풀, ≪1만시간의 재발견≫, 비즈니스북, 2016.

리처드 니스벳, ≪마인드웨어≫, 김영사, 2015.

이언 모리스, ≪가치관의 탄생≫, 반니, 2015.

맥스 베이저만, ≪무엇을 놓치고 있는가≫, 청림출판, 2014.